영상 회의와 실전 온라인 수업을 위한 지침서

줌 & 영상편집

BM (주)도서출판 성안당

예제 파일 다운로드

1 성안당 홈페이지(http://www.cyber.co.kr)에 접속하여 회원가입한 뒤 로그인하세요.

2 메인 화면 왼쪽의 〔자료실〕을 클릭하고 〔자료실〕의 바로가기 ▶ 버튼을 클릭한 다음 검색 창에서 '줌' 등 도서명
일부를 입력하고 〔검색〕 버튼을 클릭하세요.

3 검색된 목록을 클릭하고 자료 다운로드 바로가기 를 클릭하여 예제 파일을 다운로드한 다음 찾기 쉬운 위치에 압축
을 풀어 사용하세요.

오프라 윈프리는 Zoom이 없었다면
어떻게 일을 할 수 있었을까?

코로나19의 영향으로 인해 서로 접촉하지 않고 효율적으로 비대면 근무를 하고, 교육은 물론 취미 생활까지 즐기는 방식은 일상이 되고 있습니다. 물론 이러한 흐름은 비단 코로나19에 의한 것만은 아니고 이미 시대의 흐름이 비대면 사회로의 전환을 의미한다고 볼 수 있습니다. 물건을 구입하기 위해 상점을 찾아다니기 보다는 온라인 쇼핑으로 간단하게 택배로 받는 비중이 높아가고, 한 번의 앱 클릭으로 먹고 싶은 음식도 장소에 상관없이 받을 수 있습니다. 은행 업무를 보기 위해 은행을 찾는 일 없이 온라인으로 입출금이 늘어가고 있으며, 이동 수단 또한 원하는 장소에서 단지 인증만 하면 렌트 회사를 거치지 않고 사용이 가능합니다.

회사 업무는 어떨까요? 정부 시책에 발맞춰 유연 근무제가 장려되고, 일과 생활의 균형을 중시하는 시대에 재택근무는 근무 형태의 일부분으로 자리잡고 있습니다. 꼭 필요한 정보와 자료를 비대면 회의와 영상을 통해 피드백하고 효율적으로 작업하는 패턴은 앞으로도 더 확대될 것입니다.

본서는 각국 정상들의 코로나19 방역을 위한 화상 회의에서 이슈가 되었던 Zoom 프로그램에 대해 설명하고 있습니다. 대면 작업의 장점과 비대면 작업의 단점을 보완하여 회의나 수업을 할 수 있도록 구성된 Zoom 프로그램의 효율적인 사용 방법을 소개합니다. 실제 회사에서 사용 중인 Zoom 프로그램으로 재택근무를 하고 있는 직원과의 소통 방법과 거래처와의 원활한 피드백을 위한 노하우들을 정리하여 수록하였습니다. 화상 회의뿐만 아니라 온라인 수업이나 사이버 강의를 위한 영상 편집 부분은 현재 중앙대학교의 온라인 수업 영상을 편집하는 과정 그대로를 담았습니다.

강의 영상 편집은 일반 홍보나 광고를 위한 편집 방법과는 차이가 있습니다. 강의 영상 촬영부터 참여자에게 정확한 정보 전달을 위한 오디오 증폭, 간결하고 가독성 있는 자막, 데이터를 보여 주는 배경 이미지와 실시간 강의 느낌의 강사 영상 조합 등 신경 써야 할 부분이 많습니다. 이러한 실무 강의 영상 편집 노하우를 쉽게 따라하면서 배울 수 있도록 작업 순서대로 구성하였습니다. 따라만하면 간결하고 심플한 영상 편집 방법을 학습할 수 있을 것입니다.

이 책을 위해 도움을 주신 분들에게 감사합니다. 책이 기획되고 나오기까지 신경 써 주신 (주)성안당의 조혜란 부장님과 최옥현 상무이사님, 기획 편집 디자인을 담당한 앤미디어 박기은, 이미자, 이송이 님, 온라인 수업 촬영에 도움을 준 정선민, 유준상, 신혜수, 김범수 님, 베타테스터 전미애 님, 중앙대학교 윤지영 교수님, 영상 편집을 담당한 전은재 님에게 진심으로 고마움을 전합니다.

앤미디어

언택트(Untact) 시대를 살아가는
유저의 Zoom 활용법

서로 접촉하지 않고 효율적으로 비대면 근무를 하고, 강의, 교육은 물론 취미 생활까지 즐기는 방식은 일상이 되고 있습니다. 대표적인 화상 회의 프로그램인 Zoom 사용 방법과 실무 활용 방법을 배워 보세요.

많이 당황스런 상황에는
Zoom으로 이렇게 해결해요!

▲ 유연한 재택근무까지! 변화하는 근무 환경에 맞춰 사회생활이 가능해요.

▲ 국내부터 해외 어디서든 회의를 개최하고 참여할 수 있어요.

▲ 비대면 방식으로 바이러스로부터 안전하게 수업이 가능해요.

▲ 학원이나 사이버 강의 등 콘텐츠를 내 방으로 불러들일 수 있어요.

▲ 화상 회의의 한계를 넘어 화면 공유부터 원격으로 피드백이 가능해요.

화상 회의나 온라인 수업의 대표 무료 프로그램 Zoom!
Zoom은 이렇게 활용해요!

▲ 회의 준비나 자료를 미리 정리해 놓을 수 있어요.
113쪽 참조

▲ 화상뿐만 아니라 채팅부터 파일 전송까지 멀티 회의가
가능해요.
96쪽 참조

▲ 강의는 동영상 녹화하여 영상 편집 툴로 편집이 가능해요.
182쪽 참조

▲ 웹캠이 없어도, 스마트폰으로도 OK!
24쪽 참조

▲ 어디서든 회의실을 만들어 참가자를 불러올 수 있어요.
63쪽 참조

▲ 팀별 과제를 위한 소회의실도 만들 수 있어요.
126쪽 참조

▲ 상대방 PC 화면을 공유하고, 자료 수정까지 할 수 있어요.
109쪽 참조

5

이 책으로 줌 활용과 강의 영상 편집을 학습하는 로드맵!

대표적인 화상 회의 프로그램인 Zoom 사용 방법과 실무 활용 방법을 배우는 단계별 로드맵을 소개합니다.

화상 회의와 온라인 수업을 위한 Zoom 활용 단계

Zoom 프로그램을 이용하여 회의를 준비하고,
효율적으로 활용하는 단계를 알아보세요.

1 Zoom 사용을 위한 세팅

화상 회의를 위한 웹캠 설치부터 준비, 마이크 세팅, 무료 Zoom 설치 등 화상 회의와 온라인 수업에 필요한 준비 과정을 소개합니다. 웹캠이 없을 경우 스마트폰을 이용하여 회의에 참여할 수 있는 방법까지 알아봅니다.

PART 01 Section 02 - 11

2 줌 영상 회의

새 회의실을 개설하거나 회의를 예약하여 참가자들에게 회의 일정을 알려 회의에 참가시킵니다. 팀별 소회의실을 만들고, 팀원들을 각각의 팀 회의실에 할당하고, 진행자가 필요할 때 소회의실에 참가하여 회의 진행 방식을 소개합니다.

PART 02 Section 09 - 23
PART 03 Section 11 - 15

8 영상 출력

영상 편집을 완성한 다음 PC에 사용 목적에 맞는 최적화된 영상 파일로 출력하는 방법에 대해 알아봅니다. 동영상 용량을 줄이면서 고화질의 가성비 영상 출력 방법과 외부 기관이나 업무 보고용으로 좋은 무압축 초고화질 영상을 출력하는 방법을 소개합니다.

PART 04 Section 12 - 13
PART 05 Section 30 - 32

7 실무 영상 제작

완성도 있는 영상 제작하는 방법을 소개합니다. 정보를 제대로 전달하기 위한 자막 넣는 방법부터 가독성을 위한 배경 제작, 장면 사이에 화면 전환 효과를 적용하거나 색 보정 및 사운드 보정을 통해 영상의 완성도를 높이는 방법을 소개합니다.

PART 04 Section 07 - 08
PART 05 Section 18 - 28

3 채팅 & 파일 피드백

참가자들의 비디오와 음성 관리 방법과 특정 참가자에게 발표 또는 강퇴 처리 방법을 소개합니다. 또한, 얼굴을 보면서 진행하는 회의 방식 이외에 문자를 이용한 채팅 방식과 과제나 자료를 피드백할 수 있는 방법을 소개합니다.

PART 02 Section 17 - 22
PART 03 Section 01 - 03

4 화면 공유 & PC 원격 회의

진행자는 자신의 PC 화면에서 특정 부분만 참여자에게 보여 주면서 회의를 진행할 수도 있습니다. 화이트보드를 이용한 강의와 진행자의 자료를 직접 수정하면서 회의할 수 있는 원격 회의 방법도 소개합니다.

PART 03 Section 04 - 09

온라인 수업을 위한 강의 영상 편집 단계

온라인 수업을 위해 수업 영상을 촬영하고,
손쉽게 강의 영상을 편집하는 단계를 알아보세요.

6 화면 녹화 컷 편집

OBS 스튜디오 프로그램을 활용하여 화면을 녹화하고 소리를 녹음하는 방법에 대해 알아봅니다. 무료 영상 편집 프로그램인 다빈치 리졸브를 이용하여 영상의 불필요한 부분을 잘라내고, 서로 다른 영상 클립을 연결하는 기본적인 영상 컷 편집하는 방법을 소개합니다.

PART 04 Section 01 - 13
PART 05 Section 07 - 11

5 고품질 강의 촬영

Zoom 프로그램으로 강의한 영상을 기록하여 동영상 파일로 저장하는 방법을 넘어 고품질 온라인 강의 영상을 위한 카메라 영상 촬영 방법을 알아봅니다. 특히 전문적인 강의 영상에 맞는 촬영 방법부터 촬영을 마치고 편집을 위한 단계로 넘어가기 위한 과정, 촬영본을 전송하는 방법까지 상세하게 소개합니다.

PART 01 Section 09 - 11
PART 04 Section 04 - 13

이 책의 구성

빠르고 손쉽게 화상 회의 및 온라인 강의를 개설하고, 강의 영상을 편집할 수 있도록 체계적인 구성을 제공하고 있습니다.

인터페이스 소개

화상 회의와 영상 편집을 위한 화면을 손쉽게 검색하고 기능을 사용할 수 있도록 구성하였습니다.

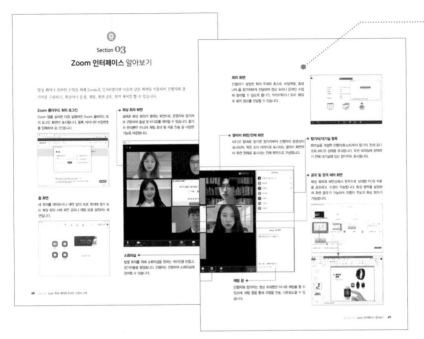

이론 구성

꼭 알아 두어야 할 내용들을 상세하게 소개하고 있습니다. 영상 강의를 위한 준비부터 촬영 방법까지 학습해 보세요.

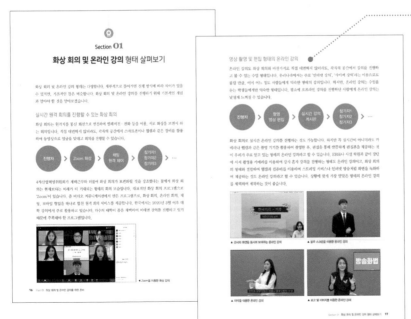

누구나 쉽게 따라할 수 있도록 Zoom 화상 회의 과정을 따라하는 방식으로 구성하였습니다. 단계별로 따라해 보세요.

부연 설명

따라하기에 필요한 내용을 추가로 설명합니다.

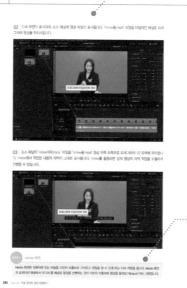

영상 편집 따라하기 구성

녹화된 강의 영상을 컷 편집하는 방법에 대해 따라하기 형식으로 구성하였습니다. 단계별로 따라해 보세요.

알아두기

화상 회의나 강의 영상 편집 시 알아 두면 좋을 내용들을 참고 이미지와 함께 정리하여 소개합니다.

Part 01 화상 회의 및 온라인 강의를 위한 준비

Part 02 Zoom 화상 회의와 온라인 수업 시작하기

Part

03 실전! 온라인 수업에 맞게 줌 활용하기

Part

04 온라인 강의 녹화하기

Part

05 온라인 강의 무료로 편집하기

예제 파일 다운로드

1 성안당 홈페이지(http://www.cyber.co.kr)에 접속하여 회원가입한 뒤 로그인하세요.

2 메인 화면 왼쪽의 [자료실]을 클릭하고 [자료실]의 〔바로가기 ▶〕 버튼을 클릭한 다음 검색 창에서 '줌' 등 도서명 일부를 입력하고 [검색] 버튼을 클릭하세요.

3 검색된 목록을 클릭하고 〔자료 다운로드 바로가기〕를 클릭하여 예제 파일을 다운로드한 다음 찾기 쉬운 위치에 압축을 풀어 사용하세요.

화상 회의 및 온라인 강의를 위한 준비

화상 회의 및 온라인 강의를 진행하기 위해서는 준비 과정이 필요합니다. 웹캠, 카메라, 스마트폰, 마이크와 같은 준비물도 필요하고 이것을 설치하는 과정, 장비마다 필요한 프로그램이나 주의사항이 있습니다. 여기서는 화상 회의 및 온라인 강의를 위한 기본 지식과 운용 방식에 대해 알아봅니다.

Part 1

Section 01

화상 회의 및 온라인 강의 형태 살펴보기

화상 회의(Video Conference) 및 온라인 강의 형태는 다양합니다. 세부적으로 들어가면 진행 방식에 따라 차이가 있을 수 있지만, 기본적인 틀은 비슷합니다. 화상 회의 및 온라인 강의를 진행 하기 위해 기본적인 개념과 알아야 할 것을 알아보겠습니다.

실시간 원격 회의를 진행할 수 있는 화상 회의

화상 회의는 원격지를 통신 회선으로 연결하여 텔레비전·전화 등을 이용, 서로 화상을 보면서 하는 회의입니다. 직접 대면하지 않더라도, 각자의 공간에서 스마트폰이나 웹캠과 같은 장비를 활용하여 동영상으로 얼굴을 맞대고 회의를 진행할 수 있습니다.

4차산업혁명위원회가 재택근무와 더불어 화상 회의가 보편화될 것을 강조했다는 점에서 화상 회의는 현재보다는 미래가 더 기대되는 형태의 회의 모습입니다. 대표적인 화상 회의 프로그램으로 'Zoom'이 있습니다. 줌 비디오 커뮤니케이션에서 만든 프로그램으로, 화상 회의, 온라인 회의, 채팅, 모바일 협업을 하나로 합친 원격 회의 서비스를 제공합니다. 한국에서는 2020년 3월 이후 대학 강의에서 주로 활용하고 있습니다. 다수의 대학이 줌을 채택하여 비대면 강의를 진행하고 있기 때문에 주목해야 할 프로그램입니다.

◀ Zoom을 이용한 화상 강의

영상 촬영 및 편집 형태의 온라인 강의

　온라인 강의도 화상 회의와 마찬가지로 직접 대면하지 않더라도, 각자의 공간에서 강의를 진행하고 볼 수 있는 수업 형태입니다. 우리나라에서는 주로 '인터넷 강의', '사이버 강의'라는 이름으로도 불릴 만큼, 이미 어느 정도 사람들에게 익숙한 형태의 강의입니다. 하지만, 온라인 강의는 수업을 듣는 학생들에게만 익숙한 형태입니다. 평소에 오프라인 강의를 진행하던 사람에게 온라인 강의는 낯설게 느껴질 수 있습니다.

　화상 회의로 실시간 온라인 강의를 진행하는 것도 가능합니다. 하지만 꼭 실시간이 아니더라도 카메라나 웹캠과 같은 촬영 기기를 활용하여 촬영한 후, 편집을 통해 깔끔하게 편집본을 제공하는 것이 우리가 주로 알고 있는 형태의 온라인 강의라고 할 수 있습니다. EBSi나 사설 학원과 같이 강단에 서서 촬영용 카메라를 이용하여 강사 혼자 강의를 진행하는 형태도 온라인 강의이고, 화상 회의의 형태와 결합하여 웹캠과 컴퓨터를 이용하여 스트리밍 서비스나 인터넷 방송처럼 화면을 녹화하여 제공하는 것도 온라인 강의라고 할 수 있습니다. 상황에 맞게 가장 알맞은 형태의 온라인 강의를 채택하여 제작하는 것이 좋습니다.

▲ 강사와 화면을 동시에 보여주는 온라인 강의

▲ 블루 스크린을 이용한 온라인 강의

▲ 자막을 이용한 온라인 강의

▲ 로고 및 이미지를 이용한 온라인 강의

Section 02

화상 회의 및 온라인 강의를 위한 **준비물 살펴보기**

화상 회의나 온라인 강의는 동영상을 기반으로 하는 것이므로 동영상 제작은 필수입니다. 영상을 제작하기 위해서는 기본적으로 PC와 영상을 촬영할 수 있는 웹캠, 스마트폰 또는 카메라, 소리를 담을 수 있는 마이크가 필요합니다. 처음부터 비용을 들여 고가의 장비를 구매하는 것보다 기존에 가지고 있는 장비들을 이용하는 것이 좋으며, 사용 목적과 필요에 따라 하나씩 장비들을 주가하는 것을 권장합니다.

웹캠

웹캠은 쉽게 말해서 컴퓨터에 연결하는 카메라입니다. 주로 화상 회의 수단으로 사용하거나 컴퓨터 화면에 본인 얼굴을 같이 담아서 녹화할 때 사용합니다. 유튜버나 크리에이터들이 스트리밍(인터넷 방송)을 하는 상황에서 이 웹캠은 필수적인 준비물 중 하나입니다. 실시간 화상 회의나 온라인 수업이 아닌 이상, 생방송을 하는 것이 아니므로 추후에 편집을 통해 버벅거리는 부분이나 어색한 부분을 잘라내는 것이 가능합니다. 웹캠은 컴퓨터나 노트북에 연결하여 HD ~ 4K급의 화질로 녹화를 가능하게 해 주는 장비입니다. 녹화 화질이 좋을수록 가격이 비싸지므로 여건에 맞게 웹캠을 준비하면 됩니다. 대표적으로 로지텍(Logitech) 사가 웹캠으로 유명합니다.

▲ HD급 화질로 영상을 녹화할 수 있는 로지텍 사의 C270

▲ 4K급 화질로 영상을 녹화할 수 있는 로지텍 사의 브리오(Brio)

▲ 화상 회의와 온라인 수업에 최적화된 FHD급 조이트론 사의 HD20

▲ 무선 블루투스 무선 웹캠인 우파워 사의 Woopower 3C

▲ LED 조명이 포함된 노보맥스 사의 NC-150

▲ 얼굴 추적이 가능한 마이크로스프트 사의 라이프 캠

내장형 웹캠

데스크톱에는 별도로 구매해서 장착을 해야 하지만 휴대용 노트북에는 대부분 웹캠이 내장되어 있습니다. 하지만 노트북 내장 웹캠의 경우, 화질이 HD급 화질이라는 점에서 보는 사람에 따라 낮은 화질이라고 생각할 수 있습니다. 그래도 급한 상황에서는 유용하게 사용할 수 있다는 점에서 하나의 녹화 수단으로 이용할 수 있습니다.

▲ 노트북에 달린 내장 웹캠

스마트폰

눈에 보이는 모든 장면을 피사체라고 합니다. 우리 주위에는 피사체를 영상으로 담아줄 멋진 도구가 많이 있습니다. 바로 스마트폰입니다. 스마트폰은 휴대가 간편하므로 언제 어디서든 주머니에서 꺼내 멋진 영상을 촬영할 수 있습니다. 단지 태생이 영상을 위한 도구가 아니다 보니 카메라보다 저장 공간이 작고, 배터리 소모가 빠르다는 것이 단점입니다.

스마트폰은 카메라뿐만 아니라 앱과 케이블의 힘을 빌려 웹캠의 대용품 및 음성 녹음을 이용하여 서브 녹음 기기로도 쓸 수 있습니다. 대부분 사람이 가지고 있지만 다용도의 기능을 가진 스마트폰으로 실시간 화상 회의와 더불어 온라인 강의 촬영까지 수월하게 진행할 수 있습니다.

▲ 애플 사의 아이폰   ▲ 삼성 사의 갤럭시폰

카메라

카메라와 캠코더는 태생이 촬영을 위한 도구이기 때문에 스마트폰보다 저장 공간이 크고 배터리 소모가 느리고 촬영물에서 선예도와 해상력이 뛰어납니다. 카메라도 만드는 방식마다 크게 두 가지로 나뉩니다. 미러리스 카메라와 DSLR 카메라입니다. 미러리스 카메라와 DSLR 카메라는 상대적으로 고품질의 영상을 촬영할 때 사용합니다. 또한, 카메라에 끼우는 렌즈군에 따라 다양한 결과물을 만드는 것이 가능합니다. 카메라와 렌즈는 용도와 상황에 맞게 골라서 사용하면 됩니다. 대표적인 브랜드로는 캐논, 소니, 니콘 등이 있습니다.

▲ 우리가 흔히 보는 촬영용 DSLR과 미러리스 카메라

캠코더

캠코더는 일반적인 카메라에 비해 영상 촬영에 좀 더 특화되어 있습니다. 단지 카메라와 달리 렌즈군이 다양하지 않다는 것이 차이점입니다. 30분 이상의 긴 영상을 찍을 경우, 배터리나 촬영 지속 시간의 측면에서 캠코더를 채택하는 상황도 있습니다. 요즘에는 경계가 많이 허물어졌지만 불과 몇 년 전만 하더라도 영상 전문 캠코더가 아닌 이상, 많은 종류의 미러리스, DSLR 카메라와 스마트폰 등에는 촬영 제한 시간 30분이 붙어 있었습니다. 이는 기능적인 측면이 아닌 영상기기에 관련된 규제에 의한 것이기 때문입니다. 대표적인 브랜드로는 소니가 있습니다.

▲ 영상 촬영을 목적으로 하는 캠코더

미러리스와 DSLR 차이점

미러리스와 DSLR의 차이를 온라인 강의를 제작하는 입장에서 알아두면 카메라를 고르는 기준이 될 수 있습니다.

카메라 종류	DSLR 카메라	미러리스 카메라
작동 원리	미러(Mirror) 개방 → 셔터 개방 → 빛 수용 → 셔터 폐쇄 → 미러 폐쇄	셔터 개방 → 빛 수용 → 셔터 폐쇄
미러(Mirror)의 유무	○	×
크기	크다.	작다.
대표 브랜드	캐논(Canon)	소니(Sony)
렌즈 종류	상대적으로 다양함.	상대적으로 적음.
화질	고품질, 고화소	고품질, 고화소

영상 녹화를 위한 마이크

컴퓨터를 활용하여 웹캠과 함께 영상 녹화를 하면 마이크는 중요한 역할을 합니다. 화상 회의나 온라인 강의 원천은 전달력이기 때문에 음질이나 음량의 측면에서 마이크는 필수로 갖추는 것이 좋습니다. 요즘 나오는 웹캠이나 노트북에는 기본적으로 마이크가 내장되어 있지만, 만족스러운 성능이라고 보기 어렵습니다. 따라서, 따로 외부 마이크를 사용하는 것을 권장합니다. 저렴한 핀 마이크부터 가격이 어느 정도 나가는 콘덴서 마이크까지 다양한 마이크를 컴퓨터에 사용 가능하므로 본인의 여건과 상황에 맞는 마이크를 갖추면 됩니다.

▲ Shure 사의 MVL 핀 마이크

▲ InfraSonic 사의 UFO 콘덴서 마이크

영상 촬영을 위한 마이크

카메라와 스마트폰에는 자체 내장 마이크 기능이 잘 되어 있어서 괜찮은 품질의 오디오를 녹음할 수 있습니다. 하지만 카메라와 스마트폰은 태생이 오디오 녹음을 위한 도구가 아닙니다. 따라서 기계의 내장 마이크에는 종종 노이즈가 들어가거나 소리가 작게 녹음되기 마련입니다. 별도의 외장 마이크를 사용한다면 더 만족스러운 촬영본을 얻을 수 있습니다. 오디오는 정말 중요합니다. 아무리 영상이 좋아도 소리가 들리지 않으면 강의 영상으로 사용할 수 없기 때문입니다.

샷건 마이크는 주위의 환경음과 피사체의 소리를 같이 녹음할 때 사용합니다. 반면 핀 마이크는 주위의 환경음을 제외하고 피사체의 소리를 집중적으로 녹음할 때 사용합니다.

▲ 샷건 마이크   ▲ 핀 마이크

알아두기   필수는 아니지만, 있으면 좋은 조명

❶ **조명** : 조명 기구가 있다면 촬영을 하는 장소와 본인의 모습을 양질의 영상으로 전달할 수 있습니다. LED로 구성된 조명과 전통적으로 사진 촬영에 사용하는 지속광인 스탠드 조명을 고려합니다.

❷ **크로마 키(초록색 천)** : 크로마 키는 주로 방송을 하는 스트리머나 BJ들이 사용하는 장비입니다. 크로마 키가 있다면 배경을 제거하고 사람의 모습만 화면에 보이도록 하는 것이 가능합니다. 크로마 키가 준비되어 있다면 강사의 후면에 설치하는 것이 좋습니다.

▲ 지속광 촬영용 스탠드 조명

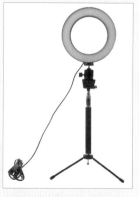

▲ 핸드폰을 거치해서 사용할 수 있는 링라이트 조명

▲ 휴대용 크로마 키(초록색 천)

Section 03

PC에 카메라를 달아주자! **웹캠 연결하기**

PC나 노트북에 웹캠을 달아서 실시간 화상 회의를 진행하거나 온라인 강의용으로 녹화를 진행할 수 있습니다. 웹캠을 PC에 연결하고 잘 연결되었는지 테스트하는 방법을 알아봅니다.

PC용 웹캠 세팅하기

01 │ 웹캠에 USB 포트에 케이블을 연결합니다.

02 │ 웹캠을 컴퓨터의 모니터 위에 올려놓습니다. 컴퓨터에 웹캠을 고정해서 안정적으로 촬영할 수 있게 합니다.

웹캠을 PC에 연결하기

03 │ 웹캠 케이블의 반대편은 컴퓨터 USB 포트에 연결할 수 있습니다. 컴퓨터 본체에 케이블을 연결합니다. 웹캠과 컴퓨터 연결이 완료됩니다.

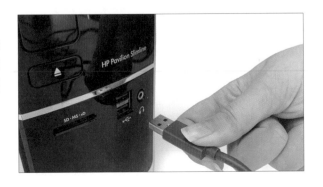

연결 테스트하기

PC 카메라 앱 실행

01 │ 노트북 내장 웹캠 및 PC용 외부 웹캠 불문하고 웹캠은 USB를 꽂는다고 자동으로 실행되는 것이 아닙니다. 잘 연결되었는지 테스트가 필요합니다. PC의 '시작' 메뉴를 클릭합니다. 시작 메뉴의 검색창에 (카메라)를 검색합니다.

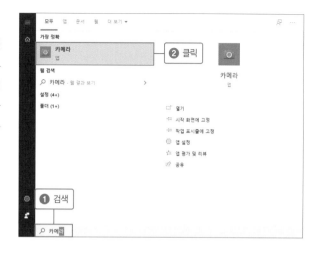

카메라 앱 실행

02 │ 카메라 앱이 실행됩니다. 연결된 웹캠이 표시됩니다. 그림처럼 웹캠 화면이 표시되지 않는다면 오른쪽 위의 카메라 변경 아이콘 (📷)을 클릭합니다.

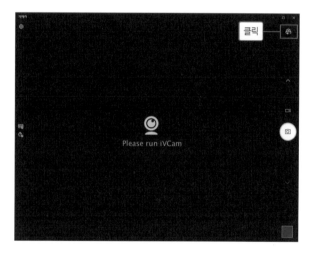

웹캠 테스트

03 │ 웹캠이 잘 연결되었다면 웹캠으로 실시간 촬영되는 화면이 표시됩니다. 표시되지 않는다면 웹캠 연결이 실패한 것이기 때문에 다시 연결하거나 해당 웹캠 제조사에서 제공하는 웹캠 관련 드라이브를 다운받아서 다시 연결합니다.

Section 04

웹캠이 없을 경우, **스마트폰을 웹캠으로 만들기**

웹캠 가격이 폭등하는 상황에서 웹캠을 마련하는 것이 부담스러울 수 있습니다. 혹은 장비가 없는 상황에서 갑작스럽게 화상 회의나 온라인 강의를 진행해야 하는 상황이 올 수 있습니다. 많은 사람이 가지고 있는 스마트폰은 이러한 상황에서 웹캠으로 사용할 수 있습니다. 스마트폰을 웹캠으로 사용하는 방법에 대해 알아봅니다.

스마트폰 설정하기

01 | 앱스토어(구글플레이 스토어)에서 검색창에 'iVCam'을 입력하고 검색된 iVCam 앱을 설치합니다.

> **iVCam과 비슷한 프로그램**
> iVCam 이외에도 스마트폰을 웹캠으로 만드는 다양한 프로그램이 있습니다. DroidCam, iriun, NDI 등 프로그램을 알아보고 맞는 것을 사용하면 됩니다. 기종이나 PC 종류, 기기 제조 일자 등에 따라 지원하는 범위가 천차만별이기 때문에 반드시 본인의 상황에 맞는 프로그램을 찾아서 사용하는 것을 권장합니다.

02 | 스마트폰을 컴퓨터로 연결하기 위해서는 스마트폰을 USB처럼 쓸 수 있게 변경해야 합니다. 이를 USB 디버깅이라고 합니다. [핸드폰 설정] – [휴대전화 정보] 창에 들어갑니다.

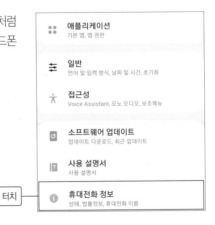

03 │ 본인의 휴대폰 정보가 표시됩니다. 메뉴에서 〔소프트웨어 정보〕
창으로 이동합니다.

터치

04 │ 소프트웨어 정보가 표시됩니다. 〔빌드 번호〕 창을 연속으로 터치
합니다. '개발자 모드를 켰습니다.'라는 문구가 표시되면서 '개발자 모
드'가 해제됩니다.

터치

05 │ 〔설정〕 창으로 이동하여 하단에 〔개발자 옵션〕이 활성화되면 터치
합니다.

터치

06 | 〔개발자 옵션〕 창에 들어가면 디버깅 영역에 〔USB 디버깅〕 설정이 있습니다. 터치하여 활성화합니다. USB 디버깅을 허용하면 USB 디버깅이 완료됩니다.

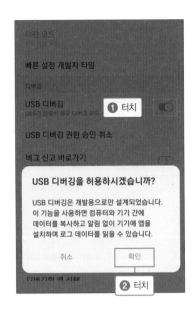

PC에 'iVCam' 설치하기

01 | 웹 브라우저에서 iVCam 사이트 (https://www.e2esoft.com/ivcam/)로 이동합니다. 〔Download for Windows〕를 클릭합니다.

02 | 설치 파일이 자동으로 설치됩니다. 정해진 설치 과정을 거치고 iVCam을 실행하면 그림과 같이 설치가 완료됩니다. iVCam을 실행한 상태로 다음 단계를 진행합니다.

스마트폰을 웹캠으로 연결하기

iVCam 앱 실행

01 │ 스마트폰의 USB 디버깅을 설정한 상태에서 다운받은 'iVCam' 앱을 실행합니다. iVCam PC 검색... 이라는 문구가 표시됩니다.

02 │ 스마트폰을 웹캠처럼 사용하기 위해 미니 삼각대를 활용하여 스마트폰을 고정합니다. 스마트폰을 들고 강의를 진행할 수 없으므로 반드시 삼각대를 활용하여 세워야 합니다.

스마트폰 PC에 연결하기

03 │ PC와 스마트폰에 iVCam 프로그램과 앱을 실행한 채로 스마트폰 연결 케이블을 활용하여 PC와 연결합니다. USB 사용을 허용하면 스마트폰의 카메라 기능이 웹캠처럼 PC에 표시되는 것을 확인할 수 있습니다.

Section 05

컴퓨터로 목소리를 담아보자! **마이크 연결하기**

웹캠이 없거나 마이크를 지원하지 않는 웹캠일 경우 화면에 표시된 자료나 화면만으로도 온라인 강의 및 화상 회의를 진행할 수 있습니다. 그러나 목소리가 없다면 온라인 강의 및 화상 회의는 아예 진행할 수 없습니다. 여기서는 컴퓨터에 마이크를 연결하는 방법에 대해 알아봅니다.

PC용 마이크 세팅하기

01 | 마이크를 항상 들고 말을 할 수 없습니다. 마이크 스탠드에 마이크를 연결해서 고정합니다.

02 | 혹시 마이크에 침이 튀거나 조금이라도 소리가 부드럽게 전달되기를 바란다면 팝필터도 스탠드에 달아서 설치합니다. 팝필터는 필수 과정이 아니므로 있다면 달아 줍니다.

03 | 웹캠과 마찬가지로 마이크에도 연결 케이블을 제공합니다. 마이크에 케이블을 달고, 반대편은 컴퓨터 USB 포트에 꽂아 줍니다. 마이크 설치가 완료됩니다.

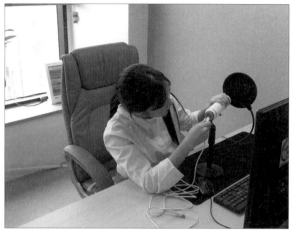

연결 테스트하기

01 | 마이크도 웹캠과 마찬가지로 연결만 한다고 자동으로 실행되는 것이 아닙니다. 잘 연결되었는지 테스트가 필요합니다. PC의 '시작' 메뉴를 클릭합니다. 시작 메뉴의 검색창에 [소리 설정]을 검색합니다.

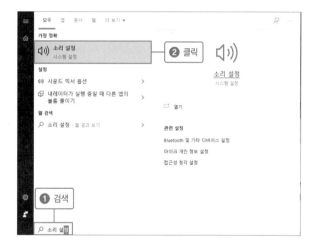

02 | 소리 설정창이 실행됩니다. 입력 창에 연결한 마이크가 표시되며 '마이크를 테스트하세요.' 문구 아래에 말을 하면 볼륨이 올라갔다 내려갔다 하는 것을 확인할 수 있습니다. 입력 장치에 연결한 마이크 기종이 표시되고 볼륨이 변화하면 연결이 된 것입니다.

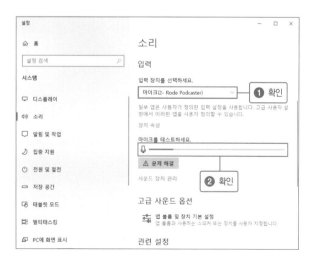

알아두기 카메라와 삼각대 설치하기

스마트폰이 좋아졌다고는 하지만 기본적으로 촬영용 카메라나 캠코더에 비하면 화질이 낮은 것은 사실입니다. 카메라를 이용하여 고품질 영상을 촬영할 수 있습니다. 촬영본의 흔들림 방지를 위해 삼각대와 같이 이용됩니다.

카메라를 삼각대에 단단히 고정합니다. 삼각대의 기종에 따라 나사로 조이는 방식도 있고, 홈에 끼워 넣는 방식이 있습니다.

알아두기 셀프 촬영에 최적화! 180도로 돌아가는 화면

촬영을 도와줄 보조 인원이 항상 있거나 전문 촬영 감독님이 항상 주위에 있다면 문제가 되지 않습니다. 하지만 모든 촬영 상황에 나의 촬영을 도와줄 인원이 준비되어 있기란 현실적으로 어렵습니다. 스스로 화면을 보면서, 구도 및 초점을 눈으로 확인하면서 강의를 진행하는 방법이 안정적인 영상을 얻을 수 있습니다. 소니의 A6400, 캐논의 DSLR 제품군, 스마트폰 등이 미리보기 화면을 180도 회전시켜 촬영하는 기능을 제공합니다.

▲ 혼자 촬영을 하는 경우, 스크린을 통해 모습이나 위치를 확인하는 것이 필요합니다.

Section 06

고품질 영상과 사운드를 위한 **카메라와 마이크 연결하기**

시각적인 영상도 중요하지만, 온라인 강의 경우 전달력이 생명이라 할 수 있습니다. 카메라의 내장 마이크도 기본적으로 기능을 할 수 있지만, 만족스러운 성능이라고 보기 어렵습니다. 노이즈 감소나 음질의 개선, 음량의 조절 측면에서 외부 마이크를 사용하는 것을 권장합니다.

카메라와 마이크 세팅하기

01 │ 외부 마이크를 준비합니다. 직접 카메라에 장착할 수 있는 외부 마이크를 사용하면 소리가 더 고품질로 녹음됩니다.

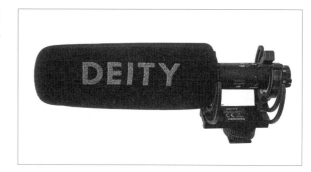

02 │ 카메라 플래시 연결 부분에 외부 마이크를 연결합니다. 외부 마이크는 마이크 지지대가 있어서 카메라에 직접 연결할 수 있습니다.

03 | 마이크 연결 케이블을 카메라의 마이크 단자에 연결합니다. 연결 케이블은 별도 구매 없이 카메라와 연결할 수 있습니다.

04 | 외부 마이크와 카메라가 연결되면 외부 마이크의 전원을 켭니다. 카메라의 영상 촬영 기능으로 영상을 촬영하면 외부 마이크로 녹음된 오디오가 소리 데이터로 전환됩니다.

알아두기 스마트폰용 마이크

카메라용 마이크와 마찬가지로 스마트폰에도 마이크를 사용할 수 있습니다. 다만, 요즘 나오는 스마트폰은 대부분 케이블 단자가 C타입 케이블 전용이기 때문에 추가로 장비가 필요합니다. USB 3.1(Type C) Aux 젠더를 통해 스마트폰에도 마이크를 착용하여 사용할 수 있습니다.

▲ USB 3.1(Type C) Aux 젠더

Section 07

온라인 수업의 기본, **웹캠으로 촬영하기**

스마트폰과 카메라와 다르게 웹캠은 주로 실시간 화상 회의에서 두각을 보입니다. PC에 설치하여 내 모습을 촬영하여 실시간으로 소통하고 의견을 전달할 수 있습니다. 여기서는 웹캠 사용 시 알아 두어야 하는 개념들에 대해 알아봅니다.

적절한 눈높이에 웹캠을 고정하라

웹캠은 주로 PC 모니터 위나 노트북 모니터 위에 고정하여 사용합니다. 웹캠으로 전신을 보여 주는 경우는 거의 없기에 상반신을 균형 있게 보여 주면 됩니다. 상반신을 가장 이상적으로 보여 주기 위해서는 웹캠이 촬영자의 눈높이에 맞거나 눈높이보다 살짝 위에 있으면 됩니다.

웹캠을 PC에 고정하고 필요하다면 컴퓨터 의자의 높이나 앉은 환경을 조절하여 보기 좋은 구도로 모습을 잘 보이게 합니다.

화상 회의에 참여하기 전 반드시 웹캠을 테스트하라

화상 회의 도중 흐름이 깨지면 회의가 원활하게 진행되지 않는 경우가 많습니다. 웹캠이 그 원인 중 하나가 될 수 있습니다.

급하게 웹캠을 연결하고 화상 회의에 참여하게 되면 웹캠이 실행되지 않거나 연결이 되지 않아 곤란한 경우가 많습니다. 회의 시작 전에 반드시 〔시작 프로그램〕 → 〔카메라〕 앱을 통해 웹캠의 연결 상태를 체크하도록 합니다.

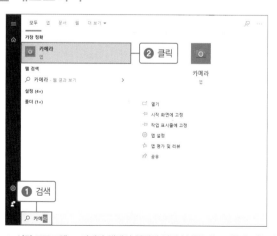

▲ 시작 프로그램 → 카메라 앱에서 웹캠의 연결 상태를 테스트할 수 있습니다.

Section **08**

간편하게 **스마트폰으로 영상 촬영하기**

본격적으로 촬영을 위한 설치가 끝났다면 이제 촬영에 들어가야 합니다. 카메라나 스마트폰의 촬영 기술이 상당히 발달하여 별다른 지식이 없어도 고품질의 영상을 촬영할 수 있습니다. 여기서는 영상 촬영 시 알아 두면 좋은 노하우에 대해 알아봅니다.

카메라를 확인하면서 셀카 모드와 가로로 촬영하라

영상 촬영 중 카메라 모니터를 확인하면서 촬영하면 위치 선정과 시선 처리에서 강점을 가질 수 있습니다. 촬영을 도와주는 사람이 있는 것이 아니라면 스마트폰으로 셀카를 찍듯이 스크린이 나를 향하게 배치합니다. 온라인 강의 영상을 보면 아직은 가로 형태의 영상이 표준처럼 자리 잡고 있습니다. 넓게 판서를 하거나 PPT를 보여 주거나 편집 과정에서 자료를 삽입하는 것에 있어서 가로 영상의 이점이 훨씬 많습니다. 스마트폰을 가로로 눕혀서 16:9 영상으로 촬영하도록 합니다.

▲ 공간을 넓게 쓰기 위해 가로로 촬영하도록 합니다.

4K 고품질 영상을 고집하지 말고, 효율성에 맞게 해상도를 설정하라

스마트폰의 성능 향상으로 이제 스마트폰에서도 4,000픽셀의 4K 고품질 영상을 촬영할 수 있습니다. 물론 영상의 해상도가 높을수록 선명한 영상을 얻을 수 있지만, 그만큼 파일 용량은 커질 수밖에 없습니다. 예를 들어, FHD의 1,080픽셀로 찍은 1분 영상이 90Mb라고 하면, 4K의 2,160픽셀로 촬영한 영상은 400Mb로, 4배 이상의 용량을 차지합니다.

파일 용량이 커지면 촬영 후 컴퓨터로 파일을 전송하는 과정부터 영상 편집까지 시간이 상대적으로 많이 소요됩니다. 소통과 전달이 목적인 영상에서 4K 영상을 고집할 필요는 없습니다.

▶ 소통과 전달이 목적인 영상이기 때문에 FHD로도 충분합니다.

Section 09

보다 전문적인 강의라면, **카메라로 강의 촬영하기**

카메라도 스마트폰과 비슷한 도구이지만, 상대적으로 더 고품질과 고화소의 영상을 촬영한다는 점에서 알아두면 좋은 개념이 있습니다. 여기서는 카메라로 영상 촬영 시 알아 두면 좋은 노하우에 대해 알아봅니다.

AF(Auto-Focus) 기능을 활용하라

카메라로 촬영해 주는 촬영 감독이 있는 경우라면, 상관없지만 혼자서 촬영을 진행하는 경우에 AF(Auto-Focus) 기능이 있는 카메라와 렌즈를 선택해야 합니다. AF 기능은 초점을 인물이나 사물에 자동으로 맞춰 주는 기능입니다. 요즘 출시되는 미러리스 카메라와 DSLR, 캠코더, 하다못해 스마트폰까지 훌륭한 AF 기능을 지원하고 있습니다. 기기를 마련하거나 가지고 있는 기기에서 촬영을 하기 전에 AF 기능의 여부를 확인하는 것이 중요합니다. 만약 AF 기능이 없는 경우라면, 초점을 한 점에 고정하고 촬영하기 때문에 강의 도중 상대적으로 움직임에 제약이 생기게 됩니다.

▲ AF 기능이 있다면 초점이 조금 벗어나도 금방 고쳐 줍니다.

▲ AF 기능이 없다면 초점이 벗어나는 경우가 생기게 됩니다.

강의 시간 도중 끊김 방지, 30분 이상의 촬영 제한 조건 없이 촬영하기

온라인 강의라고 한다면 기본적으로 유튜브 영상처럼 짧게 촬영하는 것이 아닌, 긴 호흡으로 30~40분을 말하는 경우가 많습니다. 영상 전문 캠코더가 아닌 이상, 많은 종류의 미러리스, DSLR 카메라와 스마트폰 등에는 촬영 제한 시간 30분이 붙어 있습니다. 이는 기능적인 측면이 아닌 영상기기에 관련된 규제에 의한 것이기 때문입니다. 하지만 비교적 최신 제품들은 이러한 규제에서 벗어나는 경우가 많으므로 캠코더를 사용하거나, 소니 A6400, A6600 미러리스 카메라나 최신형 스마트폰 등을 사용하면 30분 이상의 동영상을 끊김 없이 촬영할 수 있습니다.

▲ 영상 촬영을 목적으로 하는 캠코더

▲ Sony 사의 A6400, 180도 플립 기능 지원과 촬영 제한 시간이 없는 미러리스 카메라입니다.

영상이 너무 밝아서도, 어두워서도 안 된다

촬영본이 너무 밝아서도 안 되고 너무 어두워서도 안 됩니다. 이상적인 촬영본은 적정량의 조명이 더해져야 보기 좋은 촬영본이 됩니다. 카메라의 설정과 적절한 조명을 통해 보기 좋은 노출을 설정해야 합니다. 노출은 쉽게 말해서 영상의 밝기라고 생각하면 됩니다. 공식처럼 정확한 광량과 정확한 노출 수치가 정해져 있는 것은 아니기에 카메라 화면을 확인하면서 눈에 보기 좋은 노출 설정을 하면 됩니다. 주로 피부색을 기준으로 노출을 설정하면 좋습니다. 얼굴이 너무 하얗게 나오면 밝은 것이고 얼굴이 너무 까맣게 나오면 어두운 것입니다. 초점과 마찬가지로 셀프 촬영에서는 이것을 확인하기가 상당히 어렵습니다. 초보자들을 위해 카메라 제조사에서 제공하는 'AUTO' 촬영 모드를 선택하거나 조명 도구나 주변 환경을 고려해 너무 밝지도 너무 어둡지도 않은 영상을 촬영하도록 합니다.

▲ 적정량의 노출

▲ 너무 밝은 설정의 촬영본

▲ 너무 어두운 설정의 촬영본

Section 10

효과적인 강의 촬영 노하우

카메라 세팅과 촬영 준비가 끝났다면 이제 본격적으로 촬영에 들어가게 됩니다. 녹화 버튼을 누르면 촬영을 시작하게 됩니다. 그렇지만 단순하게 녹화 버튼을 누르는 것이 촬영 단계의 모든 것이 아닙니다. 잘 촬영한 영상과 잘못 촬영한 영상의 차이는 분명히 존재합니다. 카메라의 성능이나 종류와 별개로, 올바르게 촬영하면서도 내용을 잘 전달하는 촬영 방법에 대해 알아봅니다.

적절한 수준의 높이와 균형을 생각하라

영상을 시청하는 사람에 있어서 가장 안정적인 촬영 구도는 인물이 가운데에 있고 가슴이나 허리 높이까지 보이는 장면입니다. 칠판이나 화이트보드에 판서하는 경우에는 판서를 잘 보여 주기 위해 인물이 한쪽으로 몰릴 수 있지만, 기본적으로는 인물이 가운데에 있는 것이 가장 사람 눈에 안정적인 구도입니다. 또한, 머리 위의 공간과 머리까지의 여백을 '헤드룸'이라고 말합니다. 적정 수준의 헤드룸이 있어야 답답하지 않은 영상을 제공할 수 있습니다. 반드시 헤드룸을 염두에 두고 촬영하도록 합니다.

▲ 판서나 문제 풀이 등을 하는 상황이 아니라면 가운데에 위치합니다. ▲ 판서나 문제 풀이 등을 하는 상황에는 한쪽으로 몰려도 괜찮습니다.

돌발 상황을 대비한 예비용 녹음기 설치하기

온라인 강의를 전문적으로 만드는 업체나 전문가라면 핀 마이크나 샷건 마이크의 오디오 수음을 확실하게 확인하고 문제가 없는 상황을 만들 수 있습니다. 하지만, 셀프로 혼자 촬영하는 사람의 경우, 이것을 전부 확인하기에는 이외에도 고려해야 할 상황이 너무 많습니다. 촬영을 마치고 파일을 확인해 보면 강의 파일에 오디오가 너무 작거나 마이크의 배터리 문제나 오작동으로 인해 소리가 깨지거나 녹음이 이루어지지 않은 경우가 가끔 발생합니다. 이러한 최악의 경우를 예방하기 위해 예비용 녹음기를 설치하는 것을 권장합니다. 카메라에 잡히지 않는 장소나 근처에 핸드폰이나 녹음기 등을 배치하고 촬영에 들어가면 오디오를 한 번 더 녹음할 수 있습니다.

예비용 녹음기의 경우 편집 과정에서 오디오 파일만 저장하기 때문에 영상의 그림과 '싱크'를 맞춰야 합니다. 입과 소리를 정확하게 일치시켜야 강의를 전달할 때 방해를 받지 않습니다. 따라서 예비용 녹음기가 있는 경우에는 꼭 '박수'를 치는 과정을 거쳐야 합니다. 박수 소리를 통해 나중에 편집에서 정확하게 싱크를 맞출 수 있습니다.

▲ '박수 치기'를 통해 예비용 녹음기와 카메라 영상의 싱크를 맞출 수 있습니다.

카메라를 꼭 쳐다보자

대부분 상황에서 카메라는 한 대를 기준으로 촬영할 것입니다. 강의를 진행하는 사람은 카메라가 있는 곳에 반드시 시선을 주어야 합니다. 온라인 강의는 간접적으로 학생들과 소통하고 직접 오프라인에서 수업을 받는 듯한 느낌을 주는 것이 목적입니다. 강의 진행자의 시선이 카메라를 향해 있지 않으면 수업을 듣는 사람의 집중력을 저하하거나 본인이 아닌 다른 사람과 이야기하는 듯한 느낌을 받을 수 있습니다. 반드시 수시로 카메라의 모니터를 확인하면서 본인의 시선 처리나 위치 등을 확인하도록 합니다. 이는 온라인 강의뿐만 아니라 유튜브나 기타 플랫폼에서 볼 수 있는 강의 콘텐츠 및 음성 콘텐츠에도 통용되는 것입니다.

▲ 카메라를 수시로 확인하여 본인의 상태와 시선을 확인합니다.

장시간 촬영으로 인해 부족한 용량과 배터리를 대비하라

촬영 기기의 용량이 모자란다면 촬영을 하다가 갑자기 용량 부족으로 촬영이 중단될 수 있습니다. 이러한 상황을 방지하기 위해 촬영 전에 대용량 메모리 카드를 준비하거나 기존 메모리 카드를 포맷하는 과정이 필요합니다. 촬영이 진행되면 기본적으로 30분에서 1시간 전후 가량의 장시간으로 진행되기 때문에 촬영본이 상당한 용량을 차지합니다. 64GB~128GB의 카메라용 대용량 메모리 카드를 준비해 놓는 것을 권장합니다.

또한 장시간 영상을 촬영하면 중간에 배터리가 모자라서 카메라가 꺼지는 상황이 발생할 수 있습니다. 여분의 배터리를 준비하거나 멀티탭을 활용해서 카메라와 충전기를 연결하여 카메라가 꺼지는 상황을 방지하도록 합니다.

▲ 스마트폰&카메라 충전기

Section 11

촬영 끝! 케이블로 촬영본을 PC에 전송하기

촬영이 끝난 후에는 편집 작업을 하기 위해 컴퓨터에 촬영본을 전송해야 합니다. 여기서는 카메라와 케이블을 활용하여 촬영본을 옮기는 방법에 대해 알아봅니다.

카메라와 내 PC를 케이블로 연결하여 영상 전송하기

01 │ 카메라와 카메라에 맞는 케이블을 PC에 연결합니다. 5핀 케이블, 8핀 케이블, C 타입 케이블 등 기종에 맞는 케이블을 사용합니다. 스마트폰으로 촬영한 경우에도 동일합니다.

02 │ 영상 파일이 저장된 폴더로 이동합니다. 영상이 저장된 폴더에는 촬영한 영상이 파일로 저장되어 있습니다. PC로 전송하려는 영상 파일들을 Shift 를 누른 상태에서 선택한 다음 Ctrl + C 를 누릅니다. 영상 파일이 복제됩니다.

03 │ PC의 하드디스크에 새 폴더를 만든 다음, 새 폴더 안에 Ctrl + V 를 누르면 복제한 파일을 전송할 수 있습니다. 카메라 안에 있는 영상 파일이 내 PC의 폴더로 전송됩니다.

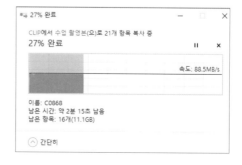

Zoom 화상 회의와
온라인 수업 시작하기

화상 회의나 온라인 수업을 위해 Zoom 프로그램 설
치부터 회의 일정을 설정하고, 회의실에 참가자들을
참여시키는 방법에 대해 알아봅니다. 또한 회의 성격
에 맞게 회의실을 세팅하고, 진행자 입장에서 참가자
를 관리하는 방법에 대해 알아봅니다.

너는
몇 조야?

나는
1조.

Part 2

온라인 수업과 화상 회의 준비

　Zoom 프로그램은 장소에 상관 없이 서로 직접 만나지 않더라고 손쉽게 화상 회의를 하거나 온라인 수업을 진행할 수 있습니다. 2020년 코로나19 바이러스의 확산으로 재택근무와 비대면 화상 회의, 온라인 수업의 영향으로 Zoom 프로그램은 화상 회의 앱으로 압도적 1위를 할 만큼 인기를 얻고 있습니다.

　모든 장치에서 손쉽게 시작, 참가 및 공동 작업을 수행할 수 있는 회의 기능을 제공하여 신속하게 화상 회의를 진행할 수 있으며, 소회의부터 기업용 비디오 회의까지 제공하고 있습니다. 최대 1,000명의 비디오 참가자와 49개의 비디오를 지원하여 회의에 HD 비디오 및 오디오를 사용할 수 있습니다. 여러 참가자가 동시에 화면을 공유하고 대화할 수 있으며, 채팅 기능을 통해 문자나 파일을 전달할 수도 있습니다.

Zoom 프로그램의 장점

　Zoom 프로그램은 누구나 쉽게 장소에 상관없이 PC나 노트북, 스마트폰 등 다양한 디바이스를 이용하여 신속하게 화상 회의나 온라인 수업에 참여할 수 있습니다.

언제 어디에서나　＋　참여하고　＋　모든 장치에서　＋　영상 회의에 참가　＝　ZOOM

- PC나 스마트폰, 아이패드 등 손쉽게 회의 참여 가능
- 최대 1,000명의 참가자와 49개의 HD급 비디오 및 오디오 지원
- 여러 참가자들이 동시에 화면을 공유하고, 문자 채팅으로 대화형 회의 가능
- 회의나 강의 준비에 필요한 자료를 클라우드에 저장하고 MP4 영상으로 기록 가능
- 카톡이나 메일로 참여 초대가 가능하고 회의 참석 시 대기실 운영 관리
- 회의 일정 예약 등이 동기화되어 손쉽게 진행자와 참가자의 관리가 가능
- 전체 화면과 갤러리 화면 사용으로 효율적으로 진행자와 참가자 진행과 발표 제어

Zoom 프로그램의 종류

Zoom 프로그램의 기본 옵션은 무료로 최대 100명의 참가자가 참여해 화상 회의를 할 수 있습니다. 비디오 동영상을 이용하여 회의실 및 소회의실을 제공하고 있어 그룹 공동 작업이 가능합니다. 채팅 및 화면 공유, 원격 제어로 데이터를 공유할 수도 있습니다. 무료 회의는 40분 제한이 있으며, 기본 40분을 초과한 경우에는 새롭게 회의실을 만들고, 참가자에게 참여를 유도해야 합니다.

Zoom 프로그램의 프로 옵션부터는 최대 1,000명까지 회의 참여를 할 수 있으며, 회의 시간 제한은 24시간입니다. 화상 회의 및 강의 기록을 위한 클라우드 공간을 제공하고, 다양한 추가 옵션을 제공합니다.

▲ Zoom 프로그램을 무료로 다운로드가 가능한 Zoom 홈페이지(Zoom.us)

기본	프로	비즈니스	기업
개인 회의	소규모 팀에 적합	중소기업	대규모 기업용
무료	14.99달러(18,400원) 월/호스트	19.99달러(24,500원) 월/호스트	19.99달러(24,500원) 월/호스트
• 최대 100명의 참가자 사용 가능 • 무제한 회의 수 • 그룹 회의에 40분 제한	• 최대 1,000명의 참가자 사용 가능 • 회의 시간 제한은 24시간 • 1GB MP4 또는 M4A 클라우드 기록	• 최대 1,000명의 참가자 사용 가능 • 맞춤형 가상 URL 제공 전용 전화기 지원	• 엔터프라이즈에 참가자 500명 포함 • 최대 1,000명의 참가자 사용 가능 • 무제한 클라우드 저장소

Section 02

줌(Zoom) 계정 만들기

화상 수업을 하기 위해 Zoom 프로그램을 설치해 보겠습니다. 먼저 Zoom 사이트(zoom.us)에 접속하여 Zoom 프로그램을 다운로드한 다음 설치를 진행합니다.

01 │ 웹 브리우지에서 'zoom.us'를 입력하여 Zoom 사이드에 접속합니다. 무료 회원 가입을 위해 (무료로 가입하세요) 버튼을 클릭합니다.

02 │ 인증을 위해 생년월일을 지정한 다음 (계속) 버튼을 클릭합니다.

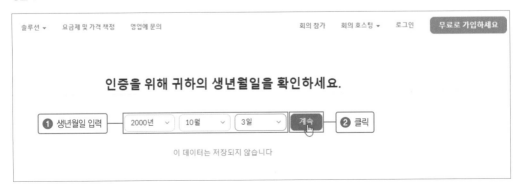

03 │ 이메일 주소를 입력한 다음 (가입) 버튼을 클릭합니다. 만약 이미 계정이 있는 경우에는 (로그인)을 클릭합니다.

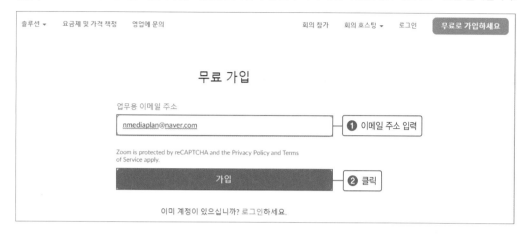

04 │ 입력한 메일 주소로 계정을 확인하는 메일이 발송됩니다.

05 │ 입력한 메일을 확인하면 계정 활성화 메일이 도착한 것을 확인할 수 있습니다. (계정 활성화) 버튼을 클릭합니다.

06 │ Zoom 사이트로 연결되며, 학교를 대신하여 가입을 하는지 묻는 화면이 표시됩니다. '예' 또는 '아니오'를 선택하고 (계속) 버튼을 클릭합니다.

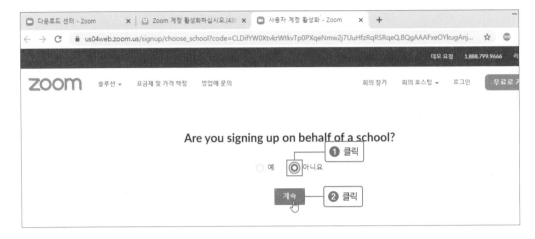

07 │ 가입자 이름을 입력한 다음 비밀번호를 설정합니다. 비밀번호는 문자와 숫자, 대소문자의 조합으로 입력한 다음 (계속) 버튼을 클릭합니다.

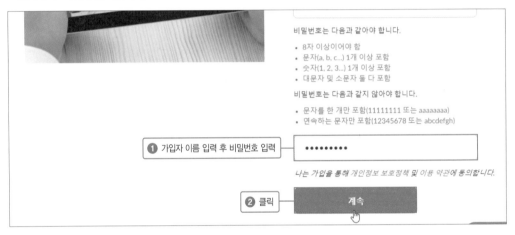

08 │ 동료를 초대하는 화면이 표시되면 '로봇이 아닙니다' 체크박스를 체크하고, (이 단계 건너뛰기)를 클릭합니다.

09 │ Zoom 계정 설정이 완료되었습니다. 회의 테스트 화면이 표시되면 [내 계정으로 가기] 버튼을 클릭합니다.

10 │ 내 계정 화면이 표시됩니다. Zoom 계정이 설정되었습니다.

알아두기 **내 계정 수정 편집하기**

계정 설정한 내용을 내 계정 화면에서 수정, 편집이 가능합니다. 로그인 이메일부터 언어, 로그인 비밀번호까지 수정을 원하는 항목의 [편집]을 눌러 변경합니다.

Section 03

Zoom 인터페이스 알아보기

영상 회의나 온라인 수업을 위해 Zoom을 설치하였다면 다음과 같은 화면을 이용하여 진행자와 참가자를 구분하고, 화상이나 음성, 채팅, 화면 공유, 원격 제어를 할 수 있습니다.

Zoom 클라우드 회의 로그인

Zoom 앱을 설치한 다음 실행하면 Zoom 클라우드 회의 로그인 화면이 표시됩니다. 등록 아이디와 비밀번호를 입력하여 로그인합니다.

홈 화면

새 회의를 예약하거나 예약 없이 바로 회의에 참가 또는 화상 회의 시에 화면 공유나 채팅 등을 설정하는 화면입니다.

화상 회의 화면

실제로 화상 회의가 열리는 화면으로, 운영자와 참가자로 구분하여 음성 및 비디오를 제어할 수 있습니다. 참가자 관리뿐만 아니라 채팅 초대 및 자료 전송 등 다양한 기능을 제공합니다.

소회의실

팀별 회의를 위해 소회의실을 원하는 개수만큼 만들고, 참가자들을 할당합니다. 진행자는 선별하여 소회의실에 참여할 수 있습니다.

회의 화면

진행자가 설정한 회의 주제와 호스트, 비밀번호, 초대 URL을 참가자에게 전달하여 영상 회의나 온라인 수업에 참여할 수 있도록 합니다. 카카오톡이나 문자, 메일로 회의 정보를 전달할 수 있습니다.

갤러리 화면/전체 화면

비디오 참여로 참가한 참가자부터 진행자의 동영상이 표시되며, 작은 조각 이미지로 표시되는 갤러리 화면부터 화면 전체로 표시되는 전체 화면으로 구성됩니다.

채팅 창

진행자와 참가자는 영상 회의뿐만 아니라 채팅을 할 수 있으며, 채팅 창을 통해 파일을 전송, 다운로드할 수 있습니다.

참가자/대기실 항목

회의실을 개설한 진행자(호스트)부터 참가자, 현재 오디오와 비디오 상태를 표시합니다. 또한 회의실에 참여하기 전에 대기실에 있는 참가자도 표시됩니다.

공유 및 원격 제어 화면

화상 회의와 화면상에서 원격으로 상대방 PC의 자료를 공유하고, 수정이 가능합니다. 특정 영역을 설정하여 화면 공유가 가능하여 진행자 주도의 화상 회의가 가능합니다.

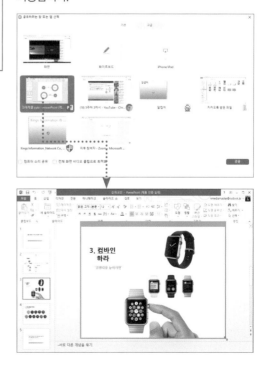

Section 04

프로필 사진 설정하기

내 계정의 얼굴이 되는 프로필 사진을 설정해 보겠습니다. 프로필 사진은 미리 스마트폰이나 디지털 카메라로 촬영한 사진을 내 PC에 저장해 준비합니다.

01 | 내 계정 화면이 표시되면 프로필 사진을 완성하기 위해 (변경)을 클릭합니다.

02 | 사진 변경 대화상자가 표시되면 (업로드) 버튼을 클릭합니다.

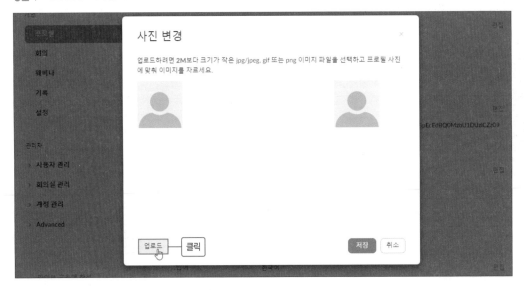

03 자신의 프로필 사진이 저장되어 있는 폴더에서 사진을 선택한 다음 〔열기〕 버튼을 클릭합니다.

04 프로필 사진이 표시됩니다. 바운딩박스를 드래그하여 사진이 표시되는 영역을 지정한 다음 〔저장〕 버튼을 클릭합니다.

05 내 계정 설정이 완성되었습니다. 기본적으로 40분 동안 무료로 영상 회의를 할 수 있으며, 최대 100명의 참가자를 불러올 수 있습니다.

Section 05

Zoom 실행 파일 **다운로드하여 설치하기**

내 계정이 만들어졌다면 Zoom 프로그램을 설치합니다. Zoom 사이트(zoom.us)에서 프로그램을 다운로드한 다음 실행 파일을 실행하여 프로그램을 설치해 보겠습니다.

01 │ Zoom 사이트(zoom.us)의 상단 메뉴에서 (리소스) → 'Zoom 클라이언트 다운로드'를 선택합니다.

02 │ 다운로드 센터의 회의용 Zoom 클라이언트 항목에서 (다운로드) 버튼을 클릭합니다.

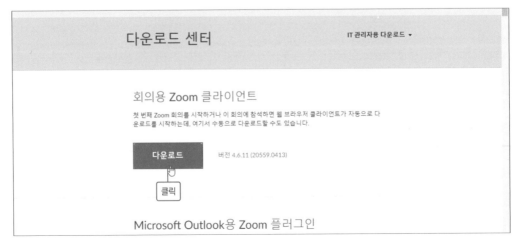

03 │ Zoom 프로그램이 다운로드됩니다. 웹 브라우저 하단에 'Zoominstaller.exe' 파일이 다운로드되면 더블 클릭하여 설치합니다.

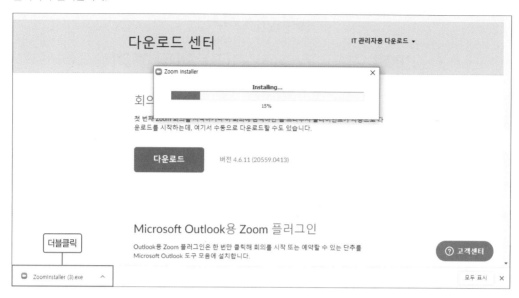

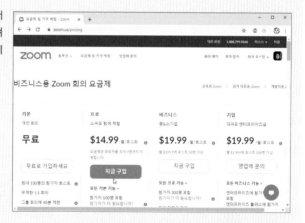

알아두기 **무료 Zoom에서 유료 Zoom 설치하기**

1. 무료 Zoom 프로그램을 설치한 상태에서 유료 Zoom 프로그램으로 업그레이드하려면 Zoom 회의 요금제(zoom.us/pricing)에서 원하는 요금제를 선택합니다.

2. 결제 방법을 위해 결제 카드 번호 및 유효 기간을 입력하여 카드 결제를 완료합니다.

Section 06

내게 맞는 Zoom 미리 세팅하기

Zoom 프로그램을 이용하여 회의를 시작하기 전에 내게 필요한 설정을 미리 세팅해 놓으면, 필요할 때마다 수정할 필요가 없습니다. Zoom 사이트에서 미리 설정하는 방법에 대해 알아보겠습니다.

01 │ Zoom 사이트(zoom.us)에 가입한 다음 Zoom 프로그램을 사용하기 전에 [내 계정]을 클릭합니다.

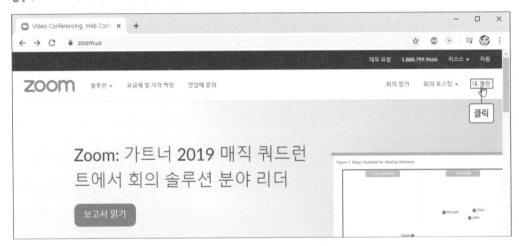

02 │ 내 계정 정보가 표시됩니다. 왼쪽 메뉴에서 [설정]을 선택합니다.

03 | 설정 옵션이 표시됩니다. 설정 화면은 크게 회의와 기록, 전화로 구분되어 있습니다. 화면을 하단으로 내려 옵션을 확인합니다.

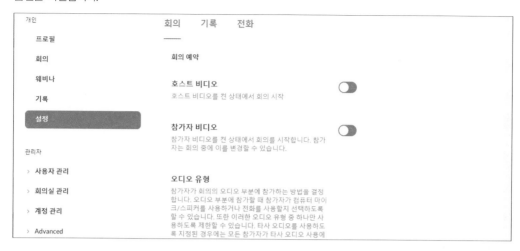

04 | 설정 옵션에서 (채팅) 옵션은 참가자에게 비디오 외에 문자로 메시지를 보낼 수 있는 옵션입니다. (파일 전송)은 옵션은 채팅 창을 이용하여 파일을 보낼 수 있습니다.

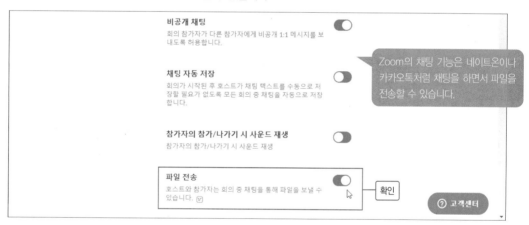

05 | (대기실) 옵션을 눌러 활성화합니다. 참가자가 회의에 참여할 때 일단 대기실에서 대기한 다음 진행자가 회의 참여를 수락하면 참여가 가능하도록 합니다.

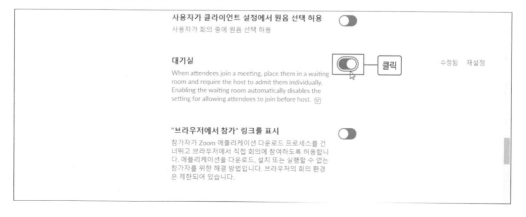

Section 07

온라인 수업을 위한 Zoom 실행하기

Zoom 프로그램을 실행하기 위해 계정 가입 시 등록한 메일 주소를 입력한 다음 비밀번호를 입력하여 홈 화면이 표시되도록 합니다.

01 | Zoom 프로그램을 실행하기 위해 윈도우 시작 버튼을 누른 다음 'Start Zoom' 메뉴를 선택합니다.

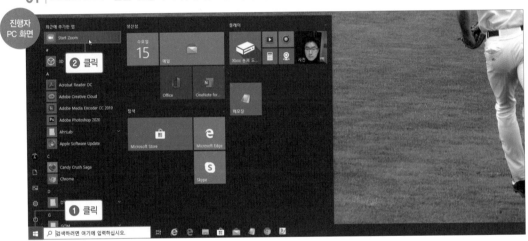

> 알아두기 메뉴에 표시되어 있지 않다면 윈도우 검색창에 'zoom'이라고 입력하여 실행합니다.

02 | 웹 브라우저와는 상관없이 Zoom 프로그램이 실행됩니다. Zoom 클라우드 회의 대화상자가 표시되면 (로그인) 버튼을 클릭합니다.

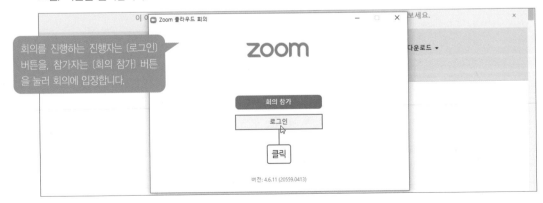

회의를 진행하는 진행자는 (로그인) 버튼을, 참가자는 (회의 참가) 버튼을 눌러 회의에 입장합니다.

03 | 계정 가입 시 등록한 메일 주소를 입력한 다음 비밀번호를 입력하고, (로그인) 버튼을 클릭합니다.

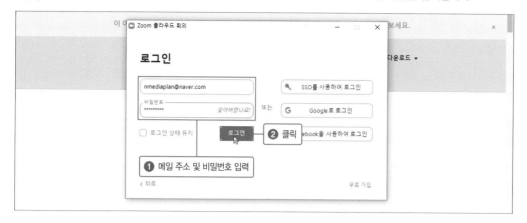

04 | 홈 화면이 표시됩니다. 바로 회의를 시작할 수 있는 (새 회의) 버튼과 회의를 예약할 수 있는 (예약) 버튼, 회의에 참가할 수 있는 (참가) 버튼, 화면을 공유할 수 있는 (화면 공유) 버튼이 표시됩니다.

알아두기 로그인이 번거롭다면

Zoom 프로그램을 실행할 때마다 이메일과 비밀번호 입력이 번거롭다면 구글이나 페이스북을 사용하여 로그인할 수 있습니다. 페이스북 사용자라면 페이스북 계정으로 Zoom 계정을 만들면 이후 한 번의 클릭으로 Zoom 프로그램을 로그인할 수 있습니다.

Section 08

Zoom 홈 화면 살펴보기

홈 화면은 화상 회의나 온라인 수업을 하기 전에 회의 시작과 세팅, 화면 공유, 참가자 초대 등을 할 수 있습니다. 홈 화면 구성은 크게 상단 메뉴와 메인 메뉴, 설정 아이콘으로 구성되어 있습니다.

❶ 새 회의

예약 없이 바로 회의실을 개설하여 화상 회의를 할 때 사용합니다.

❷ 연락처

참가자들의 연락처를 추가하거나 중요도 표시, 앱이나 클라우드 연락처로 등록이나 연결이 가능합니다.

❸ 내 상태 표시

현재 내 상태를 대화 가능, 자리 비움, 방해 금지 등으로 표시가 가능하며, 내 프로필과 도움말 등을 확인할 수 있습니다.

❹ 예약

회의를 예약할 때 사용합니다. 회의 날짜와 시간, 회의 기간, 비디오와 오디오 등 미리 설정이 가능합니다.

❺ 참가

회의에 참가하기 위해 회의 ID 또는 개인 이름을 입력하고 참가합니다. 회의 참가 시 오디오나 비디오를 연결하지 않고 참여할 수 있습니다.

❻ 화면 공유

자신이 사용하는 PC의 화면을 공유할 때 사용합니다. 화면 공유는 회의를 진행하면서 사용하는 경우가 대부분입니다.

❼ 채팅

참가자와 문자를 이용해 채팅을 하거나 회의 중에 채팅한 내용이 표시됩니다.

❽ 회의

예약한 회의 목록을 표시하며, 회의 정보를 편집하거나 삭제할 수 있습니다.

❾ 업데이트 확인

새로운 버전으로 업데이트할 경우 이 메뉴를 선택하여 줌 프로그램을 업데이트합니다.

Section 09

빠르게 **새 회의 개설하기**

화상 회의를 할 때 일정에 상관없이 바로 회의를 할 경우가 발생합니다. 이런 경우 선택의 여지 없이 자신의 얼굴을 공개하면서 바로 새 회의를 실행할 수 있습니다.

01 | Zoom 프로그램을 실행하기 위해 윈도우 시직 버튼을 클릭한 다음 Start Zoom 메뉴를 선택합니나. Zoom 클라우드 회의 대화상자가 표시되면 (로그인) 버튼을 클릭합니다.

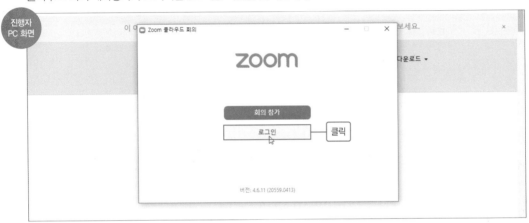

02 | 계정 가입 시 등록한 메일 주소를 입력한 다음 비밀번호를 입력하고, (로그인) 버튼을 클릭합니다. 홈 화면 이 표시되면 새 회의를 만들기 위해 (새 회의) 버튼을 클릭합니다.

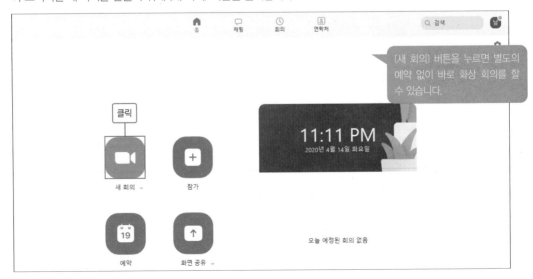

03 │ 오디오 참가 대화상자가 표시됩니다. 처음 접속한 사용자는 스피커와 마이크가 제대로 Zoom에서 작동하는지 확인하기 위해 (스피커 및 마이크 테스트)를 클릭합니다.

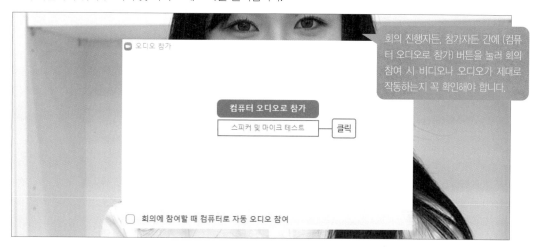

회의 진행자든, 참가자든 간에 (컴퓨터 오디오로 참가) 버튼을 눌러 회의 참여 시 비디오나 오디오가 제대로 작동하는지 꼭 확인해야 합니다.

04 │ 스피커 테스트가 시작됩니다. 벨소리가 울리며, 벨소리가 들리면 (예) 버튼을 클릭합니다.

05 │ 마이크 테스트가 시작됩니다. 마이크로 재생되는 소리가 들리면 (예) 버튼을 클릭합니다.

06 | 스피커와 마이크 테스트가 이상 없다면
〔컴퓨터 오디오로 참가〕 버튼을 클릭합니다.

07 | 새 회의를 개설하기 위해 〔컴퓨터 오디오로 참가〕 버튼을 클릭합니다. 회의에 참여할 때 자동 오디오로 참여
하기를 원할 때는 대화상자 하단의 체크박스를 선택합니다.

08 | 그림과 같이 화면에 진행자의 얼굴이 비디오로 표시됩니다. 〔참가자 관리〕를 클릭하면 오른쪽 화면에 참가
자는 현재 1명으로 표시되며, 진행자는 이름과 호스트로 표시됩니다.

Section 10

일정에 맞게 **새 회의 예약하기**

온라인 수업이나 화상 회의를 하기 위해서는 참가자에게 일정과 시간을 메일이나 카톡으로 알려야 합니다. 진행자가 일정에 맞게 새 회의를 예약하는 방법에 대해 알아보겠습니다.

01 │ Zoom 프로그램을 실행하기 위해 윈도우 시작 버튼을 클릭한 다음 Start Zoom 메뉴를 선택합니다. Zoom 클라우드 회의 대화상자가 표시되면 [로그인] 버튼을 클릭합니다.

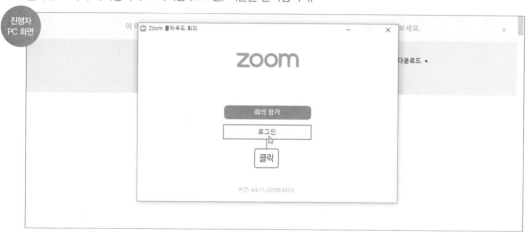

02 │ 홈 화면이 표시되면 새 회의를 예약하기 위해 [예약] 버튼을 클릭합니다.

대부분의 화상 회의나 온라인 수업은 정해진 일정에 따라 진행되므로, [예약] 버튼을 눌러 화상 회의를 진행하는 것이 일반적입니다.

03 │ 회의 예약 대화상자가 표시되면 회의 주제를 주제 입력 창에 입력한 다음 시작 항목에서 날짜를 지정합니다.

04 │ 회의 ID는 '자동으로 생성'으로 지정한 다음 무료 회의일 경우에는 비밀번호는 필요 없으며, 유료 회의일 경우에는 '회의 비밀 번호 필요' 항목에 비밀번호를 입력합니다.

05 | 추가로 고급 옵션을 선택한 다음 참가자가 대기할 수 있는 '대기실 사용'을 체크합니다.

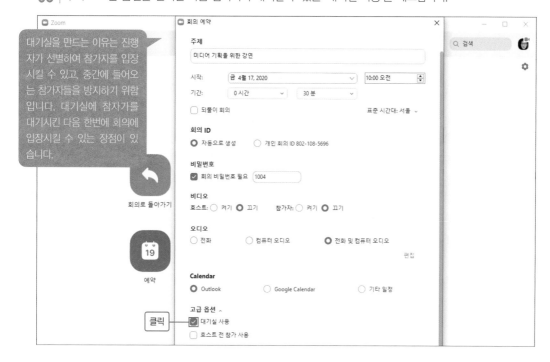

대기실을 만드는 이유는 진행자가 선별하여 참가자를 입장시킬 수 있고, 중간에 들어오는 참가자들을 방지하기 위함입니다. 대기실에 참자가를 대기시킨 다음 한번에 회의에 입장시킬 수 있는 장점이 있습니다.

회의로 돌아가기

예약

클릭

06 | 입장 시 참가자의 소음을 줄이기 위해 '입장 시 참가자 음소거'를 체크하고 (예약) 버튼을 클릭합니다. 회의 예약이 저장됩니다.

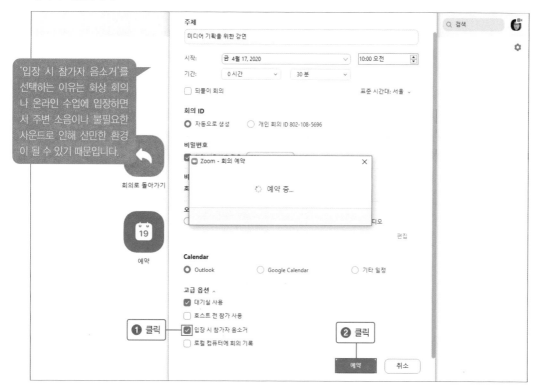

'입장 시 참가자 음소거'를 선택하는 이유는 화상 회의나 온라인 수업에 입장하면서 주변 소음이나 불필요한 사운드로 인해 산만한 환경이 될 수 있기 때문입니다.

회의로 돌아가기

예약

❶ 클릭

❷ 클릭

Section 11

예약 회의 **일정 변경하기**

회의나 수업을 예약하였다가 일정의 변화도 수정할 경우가 발생합니다. 이런 경우에 예약 회의 일정을 변경하는 방법을 알아보겠습니다.

01 | 새 회의를 예약한 상태에서 홈 화면에서 (회의)를 클릭합니다.

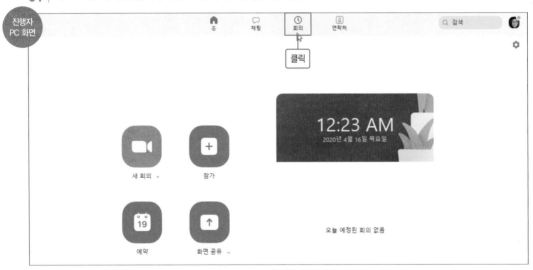

02 | 예약 회의 화면이 표시됩니다. 이전에 예약해 놓은 회의 날짜와 시간 등 예약 일정을 볼 수 있습니다.

03 | 회의 일정을 변경하기 위해 (편집) 버튼을 클릭합니다.

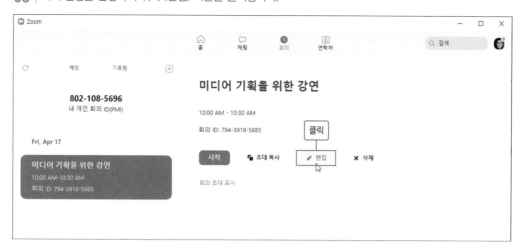

04 | 시작 항목에서 주제명을 변경할 수도 있으며, 회의 날짜를 선택하여 변경할 수 있습니다. 회의 내용을 수정하였다면 (저장) 버튼을 클릭합니다.

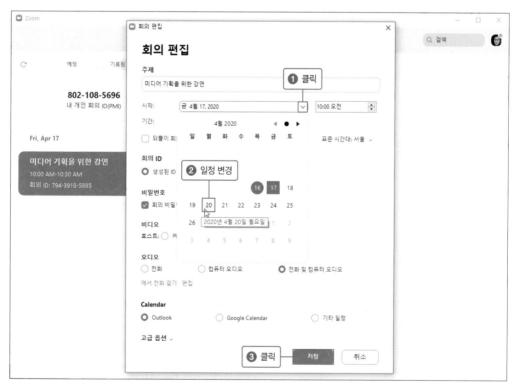

Section 12

회의 참여를 **카카오톡으로 알리기**

　　회의나 강의에 참여시키려는 사용자에게 알림을 하기 위해 카카오톡을 사용할 수 있습니다. 초대 URL을 단톡방 등에 올려 참여할 수 있도록 설정해 보겠습니다.

01 | Zoom 프로그램을 실행하기 위해 윈도우 시작 버튼을 누른 다음 'Start Zoom' 메뉴를 선택합니다. Zoom 클라우드 회의 대화상자가 표시되면 (로그인) 버튼을 클릭합니다.

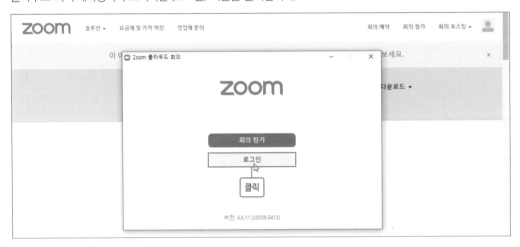

02 | 새 회의를 예약한 상태에서 홈 화면에서 (회의)를 클릭합니다.

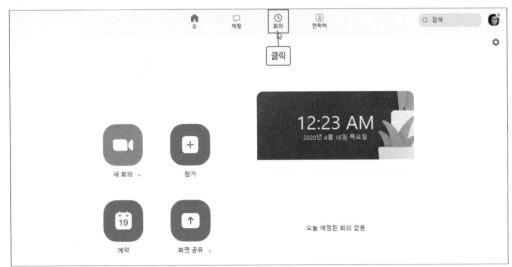

03 | 홈 화면이 표시되면 회의를 시작하기 위해 (시작) 버튼을 클릭합니다.

04 | 오디오 참가 대화상자가 표시되면 화면 여백 부분으로 드래그해 위치를 이동합니다.

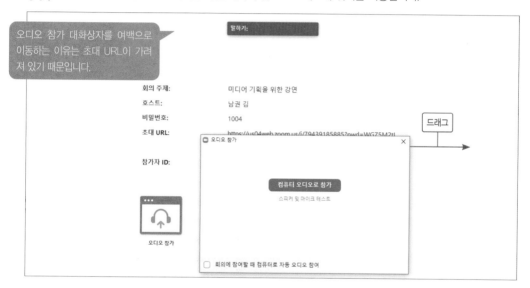

05 | 초대 URL 항목에서 (URL 복사)를 클릭하면 초대 URL이 한번에 복사됩니다.

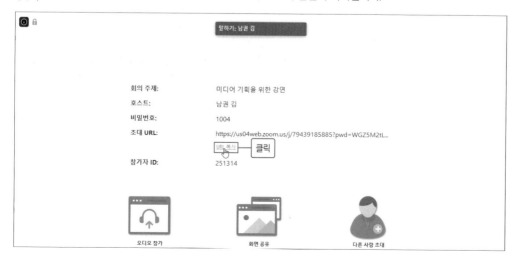

06 | 카카오톡을 실행한 다음 회의에 참여시키려는 참가자에게 Ctrl+V를 눌러 초대 URL을 전송합니다. 단톡 방을 만들어 한번에 초대 URL을 전달하는 것도 좋은 방법입니다.

② 회의 일정을 전송

① Ctrl + V 눌러 주소 붙여넣기

알아두기 화상 회의 중간에 초대 URL을 확인하려면

간혹 화상 회의나 온라인 수업 중간에 현재 회의실의 초대 URL이 필요한 경우가 있습니다. 예약 회의가 아닌 바로 (새 회의)를 만든 다음 참가자를 부를 때 유용합니다. 화상 화면 왼쪽 상단의 (ⓘ) 아이콘을 클릭하면 회의 ID와 초대 URL이 표시되며, 참가자에게 이러한 정보를 보내 회의 참여를 유도합니다.

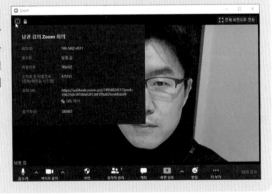

Section 13

회의 참여를 **이메일로 알리기**

회의나 강의에 참여시키려는 사용자에게 알림을 하기 위해 이메일을 사용할 수 있습니다. 초대 URL을 기본 이메일인 아웃룩 메일이나 G 메일, 야후 메일을 선택하면 자동으로 알림 내용이 첨부됩니다.

01 │ Zoom 프로그램을 실행하기 위해 윈도우 시작 버튼을 누른 다음 'Start Zoom' 메뉴를 선택합니다. Zoom 클라우드 회의 대화상자가 표시되면 (로그인) 버튼을 클릭합니다.

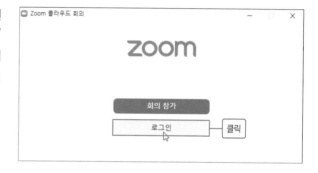

02 │ 새 회의를 예약한 상태에서 홈 화면에서 (회의(⏱))를 클릭합니다.

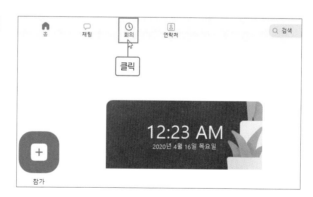

03 │ 홈 화면이 표시되면 회의를 시작하기 위해 (시작) 버튼을 클릭합니다.

04 | 오디오 참가 대화상자가 표시되면 화면 여백 부분으로 드래그해 위치를 이동한 다음 (다른 사람 초대) 아이콘을 클릭합니다.

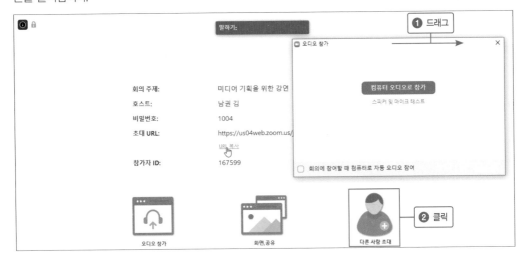

05 | 화면 상단에 (이메일)을 선택한 다음 초대를 보낼 이메일 서비스를 선택합니다. 메일 계정이 있는 메일을 선택하면 되며, 예제에서는 (기본 이메일) 아이콘을 클릭합니다.

06 | 아웃룩 메일 쓰기가 표시되며, 자동으로 초대 메일과 회의 ID, 패스워드가 첨부되었습니다. 참여시키려는 참가자를 받는 사람 항목에 메일 주소를 입력하고 (보내기) 버튼을 클릭합니다.

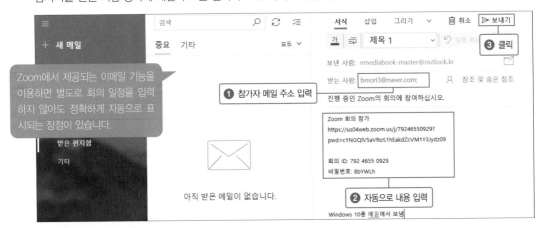

Zoom에서 제공되는 이메일 기능을 이용하면 별도로 회의 일정을 입력하지 않아도 정확하게 자동으로 표시되는 장점이 있습니다.

Section 14

Zoom 설치가 안 된 참가자가 **메일 확인하기**

참가자의 PC에 Zoom 프로그램이 설치되어 있지 않은 경우 회의 참가 요청이 온 메일을 확인하고 해당 주소로 접속한 경우 줌 클라이언트를 설치하여 회의에 참가할 수 있습니다.

01 | 참가자가 Zoom이 설치되지 않은 자신의 PC에서 참여를 요청하는 메일을 확인하고, 해당 초대 URL을 클릭하거나 해당 주소로 접속합니다.

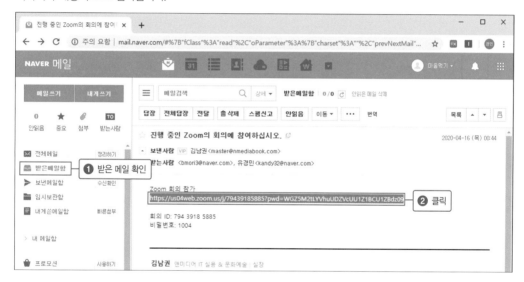

02 | Zoom 다운로드 및 실행 사이트로 이동합니다. (다운로드 및 실행)을 클릭합니다.

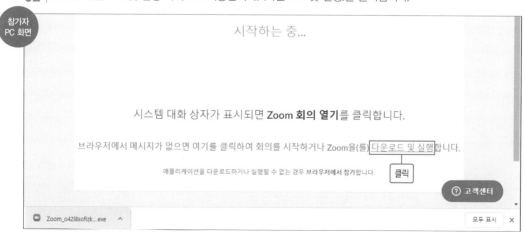

03 │ 회의에 참석하기 위해 줌 클라이언트가 설치됩니다. 회의를 참여하는데 시간을 단축시킨다는 메시지가 표시됩니다.

04 │ 이름을 입력하는 대화상자가 표시되면 이름 항목에 자신의 이름을 입력한 다음 (회의 참가) 버튼을 클릭합니다.

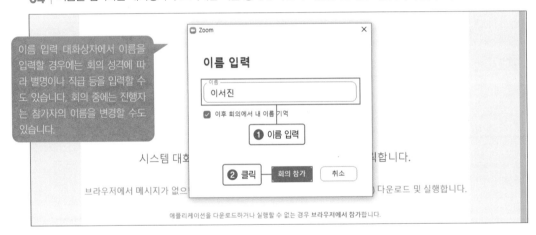

05 │ 화면에 '잠시 기다려 주십시오. 회의 호스트가 곧 귀하를 들어오게 할 것입니다'라는 메시지가 표시됩니다. 참가자는 반드시 화면 하단의 (컴퓨터 오디오 테스트) 버튼을 클릭해 테스트를 진행합니다.

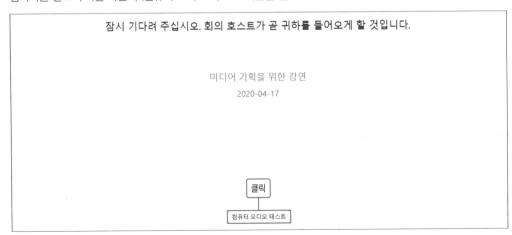

Section 15

Zoom이 설치된 참가자가 **메일 확인하기**

참가자 PC에 Zoom이 설치되어 있는 경우 회의 참가 요청이 온 메일을 확인하고 해당 주소로 접속한 경우 Zoom Meetings 열기로 간단하게 회의에 참가할 수 있습니다.

01 | 참가자가 Zoom이 설치되어 있는 자신의 PC에서 참여를 요청하는 메일을 확인하고, 해당 초대 URL을 클릭하거나 해당 주소로 접속합니다.

02 | Zoom Meetings를 열 것인지 묻는 대화상자가 표시되면 (Zoom Meetings 열기) 버튼을 클릭합니다.

03 | 화면에 '잠시 기다려 주십시오. 회의 호스트가 곧 귀하를 들어오게 할 것입니다'라는 메시지가 표시됩니다. 참가자는 반드시 화면 하단의 (컴퓨터 오디오 테스트) 버튼을 클릭하여 테스트를 진행합니다.

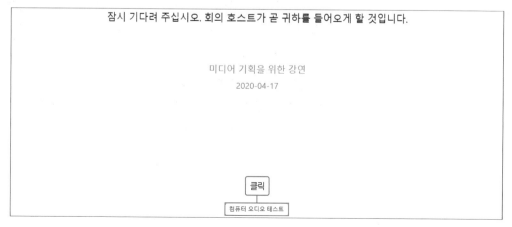

Section 16

화상 회의 **화면 살펴보기**

　화상 회의를 할 때 표시되는 화상 회의 화면을 알아보겠습니다. 화상 회의 관리 및 설정에 필요한 다양한 기능을 제공하고 있습니다. 비디오 참여 표시 창과 하단의 설정 옵션, 오른쪽의 참가자 관리 창과 채팅 창으로 구성됩니다.

❶ 비디오 참여 표시 창
진행자나 참가자의 비디오가 표시됩니다. 주로 얼굴에 맞춰 표시합니다.

❷ 음소거
발표자의 음성을 제거합니다.

❸ 비디오 시작 중지
비디오 시작 중지를 선택하면 화면 상에 자신의 비디오가 표시되지 않고, 이름만 표시됩니다.

❹ 보안
회의실 잠금부터 대기실, 채팅, 화면 공유 등의 사용 여부를 선택합니다.

❺ 참가자 관리
오른쪽에 별도의 화면이 표시되어 참가자를 대기실이나 채팅, 비디오 및 오디오 제어 관리를 합니다.

❻ 채팅
채팅 창을 표시하여 공개 또는 비공개로 채팅이 가능하며, 채팅 창을 이용하여 파일 전송도 가능합니다.

⑦ 화면 공유

자신의 PC에서 사용하고 있는 프로그램을 참가자와 공유하여 회의가 가능합니다.

⑧ 기록

화상 회의 진행 내용을 기록하거나 중지시킵니다. 회의가 종료되면 MP4 파일로 저장합니다.

⑨ 반응

화상 회의나 온라인 수업에서 참가자가 이모티콘으로 반응을 표시할 수 있습니다.

⑩ 회의 종료

화상 회의를 종료하거나 회의실에서 나갈 때 사용합니다.

⑪ 참가자 옵션 메뉴

참가자 비디오 표시 창 오른쪽 상단에 옵션 메뉴가 표시됩니다. 해당 참가자의 비디오와 오디오 관리 및 채팅, 대기실로 이동시키거나 회의 강퇴 등을 설정합니다.

⑫ 회의 참가자 목록

회의에 참여한 참가자를 표시합니다. 참가자를 선택하여 오디오와 비디오 제어가 가능하며, 대기실 참가자를 회의실로 초대할 수 있습니다.

⑬ 채팅 창

문자를 입력하여 공개 또는 비공개로 채팅을 하는 영역입니다. 파일을 선택하여 전송도 가능합니다.

⑭ 화면 구성

특정 발표자를 한 화면으로 표시할 수 있으며, 갤러리 형태로 화면을 분할하여 비디오를 표시할 수도 있습니다.

참가자를 **회의 참여 수락하기**

진행자가 회의를 시작한 상태에서 참가자가 초대 URL로 회의에 대기하게 되면 진행자는 참가자의 참여 여부를 선별하여 회의 참여를 수락할 수 있습니다.

01 | Zoom 프로그램을 실행하기 위해 윈도우 시작 버튼을 클릭한 다음 Start Zoom 메뉴를 선택합니다. Zoom 클라우드 회의 대화상자가 표시되면 (로그인) 버튼을 클릭합니다.

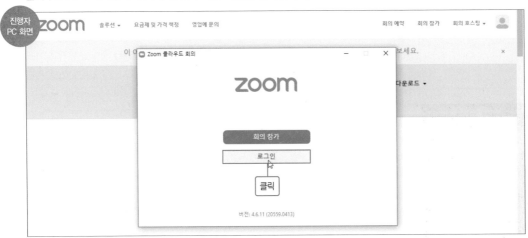

02 | 새 회의를 예약한 상태에서 홈 화면에서 (회의)를 클릭합니다.

03 | 홈 화면이 표시되면 회의를 시작하기 위해 (시작) 버튼을 클릭합니다.

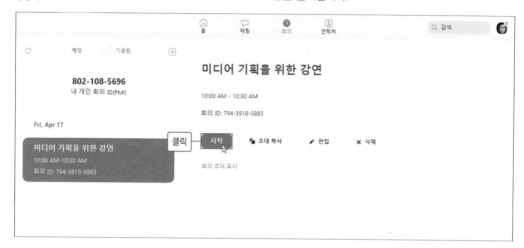

04 | 오디오 참가 대화상자가 표시되면 (컴퓨터 오디오로 참가) 버튼을 클릭합니다.

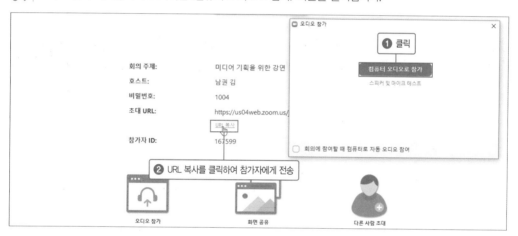

05 | 참가자가 참여를 요청하는 메일을 받고, 초대 URL로 접속하면 다음과 같이 화면 하단에 참가자가 대기실에 입장했다는 메시지가 표시됩니다. (수락) 버튼을 클릭합니다.

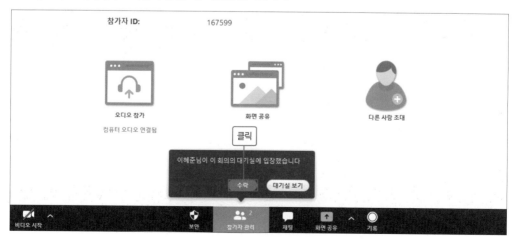

06 | 화면과 같이 기본적으로 참가자의 얼굴이 메인 화면에 표시됩니다. 진행자는 상단에 프로필 사진으로 표시됩니다. 진행자가 준비가 되었다면 (비디오 시작) 버튼을 클릭합니다.

07 | 화면 상단에 진행자의 프로필 사진이 없어지면서 비디오 촬영이 시작됩니다. 참가자도 진행자의 비디오 화면을 볼 수 있게 됩니다. 화면을 갤러리 형태로 보기 위해 (갤러리 보기) 버튼을 클릭합니다.

08 | 그림과 같이 동일한 화면 크기의 갤러리 형태로 화상을 표시합니다.

09 │ 화상 회의 중에도 참가자가 접속해 오면 화면 하단에 참가자가 회의 대기실에 입장했다는 알람이 표시됩니다. (수락) 버튼을 클릭합니다.

10 │ 참가자가 비디오 중지 상태로 입장하면 그림과 같이 화상이 표시되지 않고, 참가자의 이름만 표시됩니다. (참가자 관리) 버튼을 클릭하면 오른쪽 화면에 참가자의 사운드와 비디오 상태가 표시됩니다.

Section 18

참가자를 **한번에 입장시키기**

다수의 참가자들이 회의 중에 지속적으로 들어오는 것을 막기 위해, 일단 참가자들을 대기실에 대기시킨 다음 한번에 참여시키도록 합니다.

01 | 참가자들이 접속하면 대기실에 대기시켜 보겠습니다. 새 회의를 예약한 상태에시 홈 화면에서 (예약)을 누릅니다.

02 | 회의 예약 화면의 고급 옵션에서 (대기실 사용)을 체크한 다음 (예약) 버튼을 클릭합니다.

> 대기실을 사용하면 선별하여 참가자를 회의에 참여시킬 수 있으며, 수업 중간에 들어오는 참가자를 막을 수 있습니다.

03 │ 회의를 시작한 다음 참가자들이 회의실에 접속하면 '이 회의의 대기실에 입장했습니다.'라고 메시지가 표시됩니다. 〔대기실 보기〕 버튼을 클릭합니다.

04 │ 대기실에 참가자들이 대기하고 있는 것을 볼 수 있습니다. 대기하고 있는 참가자들에게 메시지를 보내기 위해 오른쪽 상단의 〔메시지〕를 누른 다음 메시지 입력 창에 보낼 메시지를 입력합니다.

05 │ 참가자들의 화면에는 진행자가 보낸 메시지를 확인할 수 있습니다.

06 │ 대기실에 있는 모든 참가자들을 한번에 화상 회의에 참여시키기 위해 〔모두 수락〕 버튼을 클릭합니다.

Section **19**

회의실에서 **대기실로 보내 대기시키기**

진행자는 회의에 참여한 참가자 중에서 대기실에 대기시킬 수 있습니다. 대기실에서 대기를 하면 회의에 참여할 수 없으며, 진행자의 수락이 있어야 회의에 참여할 수 있습니다.

01 | 화상 회의에 참여한 참가자를 대기실로 이동시키겠습니다. 참가자 중에서 대기실로 보내려는 참가지를 선택하고 (더 보기) 버튼을 클릭합니다.

02 | 표시되는 팝업 메뉴에서 (대기실에 배치)를 선택합니다.

03 | 해당 참가자가 회의실에서 대기실로 배치되는 것을 확인할 수 있습니다.

Section 20

특정 참가자에게 **발표시키기**

참가자는 회의 진행 중에 특정 참가자를 발표시켜서 화면에 집중시킬 수 있습니다. 추천 비디오 기능을 이용하여 발표자를 집중시켜 보겠습니다.

01 특정 참가자에게 집중해서 발표시키기 위해 예제에서는 하단의 참가자2 를 선택합니다.

02 참가자를 선택하면 화면 상단에 표시되는 [···] 버튼을 클릭하여 표시되는 팝업 메뉴에서 [추천 비디오]를 선택합니다.

03 | 그림과 같이 진행자와 다른 참가자는 상단에 위치하며, 선택된 참가자는 비디오 화면이 확대됩니다. 해당 참가자는 발표를 하거나 집중시킬 수 있습니다.

04 | 발표 후에 다시 원상태로 되돌리기 위해서는 화면의 왼쪽 상단의 (추천 비디오 취소)를 클릭합니다.

Section 21

특정 참가자 **강퇴시키기**

진행자는 대기실이나 회의실에 참석한 참가자 중에서 의도하지 않은 참가자나 잘못 들어온 참가자를 강퇴시킬 수 있습니다. 강퇴를 당한 참가자는 해당 회의에 다시 참여할 수는 없습니다.

01 특정 참가자를 강퇴를 시키기 위해 해당 참가자를 선택한 다음 [제거] 버튼을 클릭합니다.

02 참가자를 삭제하면 다시 회의에 참가할 수 없다는 경고 대화상자가 표시됩니다. [제거] 버튼을 클릭합니다.

03 제외된 참가자의 PC 화면에는 '호스트가 이 회의에서 귀하를 제외했습니다.'라는 문구가 표시됩니다. [확인] 버튼을 클릭합니다.

Section 22

진행자가 참가자의 **음성과 비디오 관리하기**

진행자는 참가자의 음성과 비디오를 소거하거나 사용 가능하게 설정이 가능합니다. 단지 비디오는 참가자에게 시청 가능하도록 요청하여 참가자가 수락하였을 때 사용이 가능합니다.

01 │ 진행자의 강의기 들리도록 음소거를 해제하기 위해 화면 하단의 [음소거 해제] 버튼을 클릭합니다.

02 │ 오른쪽 화면 상단의 진행자의 음소거는 해제되어 음성을 들을 수 있게 설정되었습니다. 참가자의 음소거를 해제하기 위해 마우스 커서를 마이크 아이콘으로 위치시켜 [음소거 해제] 버튼을 클릭합니다.

03 | 얼굴이 보이지 않는 2번 참가자의 화면 상단에 위치한 〔⋯〕 버튼을 클릭합니다.

04 | 팝업 메뉴가 표시되면 〔비디오 시작 요청〕을 선택합니다.

05 | 참가자 2번의 PC에는 '호스트가 비디오 시작을 요청했습니다.'라는 대화상자가 표시됩니다. 〔내 비디오 시작〕 버튼을 클릭합니다.

06 | 진행자의 PC를 확인해 보면 참가자2 의 비디오가 재생되는 것을 확인할 수 있습니다.

07 | 참가자2 의 화면 상단에 위치한 〔...〕 버튼을 클릭합니다. 팝업 메뉴에서 〔오디오 음소거 해제〕를 선택합니다.

08 | 참가자2 의 음소거가 해제된 것을 확인할 수 있습니다. 이제 참가자의 음성과 비디오를 모두 사용할 수 있게 되었습니다.

Section 23

화상 회의 **끝내기**

화상 회의를 끝내기 위해서는 회의 종료 기능을 선택하여 회의를 종료합니다. 만약 진행자만 회의에 나가고 회의를 지속시키려면 참가자 중의 한 명으로 호스트로 지정합니다.

01 │ 화상 회의를 종료하기 위해서는 화면 하단의 (회의 종료)를 클릭합니다.

02 │ '회의를 종료하시거나 회의에서 나가시겠습니까?' 대화상자에서 '이 회의가 계속 진행되도록 하려면 회의 나가기를 클릭하기 전에 호스트를 지정하십시오.' 메시지가 표시되면 (모두에 대해 회의 종료) 버튼을 누릅니다.

03 │ 회의가 종료되며, 홈 화면으로 전환됩니다. (닫기((✕)) 버튼을 클릭하여 Zoom 프로그램을 종료합니다.

실전! 온라인 수업에 맞게
줌 활용하기

Zoom을 이용한 기본적인 화상 회의 방법 이외에 자료를 전송하고, 원격 제어를 이용하여 자료를 공유하고 수정하는 방법을 알아봅니다. 또한 팀별 회의를 위해 소회의실을 만들고, 팀원들을 할당하고 제어하는 방법에 대해 알아보겠습니다.

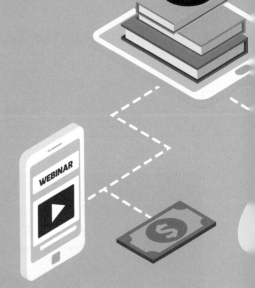

Part 3

Section 01

진행자와 참가자가 **채팅하기**

Zoom에서는 비디오 이외에 채팅 창을 이용하여 진행자와 선택한 참가자가 문자로 채팅을 할 수 있습니다. 다른 참가자가 볼 수 없도록 비공개로 채팅이 가능합니다.

01 | 진행자와 참가자가 채팅을 해 보겠습니다. 진행자가 채팅 창을 표시하기 위해 채팅하려는 참가자의 화면 상단에 위치한 [...] 버튼을 클릭한 다음 팝업 메뉴에서 [채팅]을 선택합니다.

> **알아두기** 화면 하단의 [채팅] 버튼을 눌러 채팅 창을 표시할 수도 있습니다.

02 | 오른쪽 하단에 채팅 창이 표시됩니다. 하단에 받는 사람 항목에 채팅하려는 참가자를 확인한 다음 문자를 입력하여 채팅을 시작합니다.

03 채팅 문자를 입력한 다음 Enter를 누르면 그룹 채팅 창에 문자가 표시되며, 참가자에게 문자가 전송됩니다.

04 채팅 문자를 받은 참가자의 PC 화면에는 Zoom 그룹 채팅 창에서 문자를 확인할 수 있습니다. 채팅 문자를 입력하기 위해 입력 창에 문자를 입력하고 Enter를 누릅니다.

05 Zoom 그룹 채팅 창에 문자가 표시되며, 진행자에게 문자가 전송됩니다.

Section 02

과제 제출을 위한 **파일 전송하기**

채팅 창을 이용하여 참가자는 진행자에게 제출할 파일을 선택하여 전송할 수 있습니다. 파일을 전송 받은 진행자는 파일을 다운로드하여 바로 열 수 있습니다.

01 | 참가자가 과제 파일을 제출하기 위해 채팅 창에 위치한 (파일) 버튼을 클릭합니다. 팝업 메뉴에서 (내 컴퓨터)를 선택합니다.

02 | 열기 대화상자가 표시되면 과제가 저장되어 있는 폴더를 연 다음 과제 파일을 선택하고 (열기) 버튼을 클릭합니다.

03 | Zoom 그룹 채팅 창에 과제 파일이 표시되며, 진행자에게 전달됩니다.

04 | 진행자 PC의 Zoom 그룹 채팅 창에 파일이 표시됩니다. PC에 저장하기 위해 (다운로드)를 클릭합니다.

05 | 다른 이름으로 저장 대화상자가 표시되면 제출 파일을 저장하려는 폴더를 선택한 다음 (저장) 버튼을 클릭합니다.

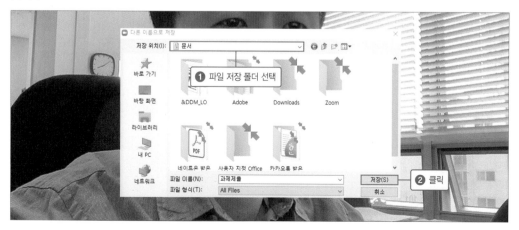

06 | 파일이 다운로드되면 바로 제출 파일을 열 수 있습니다. 파일을 열기 위해 [파일 열기]를 클릭합니다.

07 | 예제에서는 파워포인트로 작성한 파일이므로, 파워포인트가 실행됩니다.

08 | 참가자가 제출한 파워포인트 파일이 열리는 것을 확인할 수 있습니다.

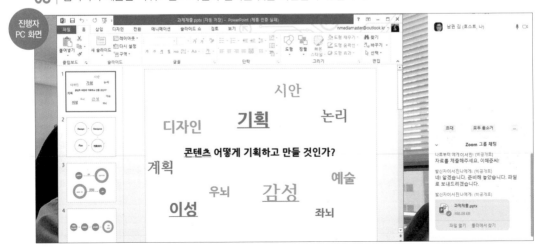

Section 03

장소에 상관없이 **스마트폰으로 화상 회의하기**

스마트폰에 '줌 클라우드 미팅(Zoom Cloud Meetings)' 앱을 설치하면 어디서든 화상 회의나 온라인 수업에 참여할 수 있습니다. 스마트폰을 이용하여 진행자가 보내준 회의 ID와 비밀번호를 입력하여 화상 회의에 참여해 보겠습니다.

01 | 스마트폰에 줌 앱을 설치하기 위해 앱 스토어에서 (ZOOM Cloud Meetings)를 선택하여 설치합니다. 화면에서 Zoom 앱을 터치해 실행합니다.

02 | 회의 시작 화면이 표시되면 (회의 참가) 버튼을 터치합니다. 참여를 요청하는 메일을 확인한 다음 회의 ID를 입력하고 (참가) 버튼을 터치합니다.

03 | 회의 비밀번호를 입력한 다음 〔계속〕
버튼을 터치합니다. 회의 비밀번호도 회의
참여 메일을 받았다면 메일 내용에 포함되어
있습니다.

04 | '잠시 기다려 주십시오. 회의 호스트가
곧 귀하를 들어오게 할 것입니다.'라는 메시
지가 표시됩니다. 'Zoom'이(가) 회의를 위해
마이크에 접근하려고 합니다.' 메시지가 표
시되면 〔확인〕 버튼을 터치합니다.

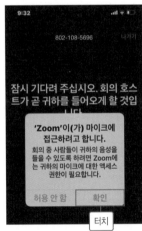

05 | '다른 사람의 소리를 들으려면 오디오
에 참가하십시오' 메시지가 표시되면 〔인터
넷 오디오로 통화〕를 터치합니다.

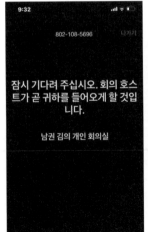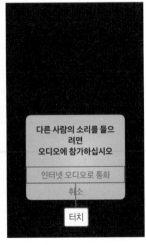

06 | 진행자의 Zoom 화면에는 스마트폰으로 접속한 참가자가 대기실에 표시됩니다. [수락] 버튼을 클릭하여 회의 참여를 수락합니다.

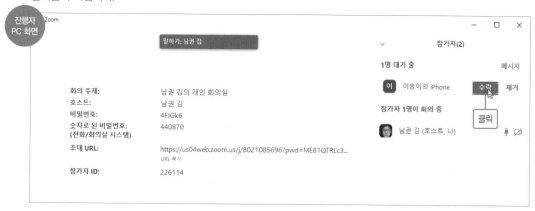

07 | 스마트폰으로 참가한 참가자가 표시됩니다. 참가자가 비디오를 허용하지 않았기 때문에 참가자의 이름으로 표시됩니다.

08 | 비디오 참여를 요청하기 위해 참가자 표시의 마우스 오른쪽 버튼을 클릭하여 팝업 메뉴에서 [비디오 시작 요청]을 선택합니다.

09 │ 참가자가 비디오 시작을 허용하면 그림과 같이 화면에 비디오가 재생됩니다.

10 │ 참가자의 스마트폰 화면에도 메인 화면에는 진행자의 비디오가, 상단에는 자신의 비디오 화면이 표시됩니다. 회의가 종료되어 나가려면 화면 상단의 [나가기]를 터치하고 [회의 나가기]를 터치합니다.

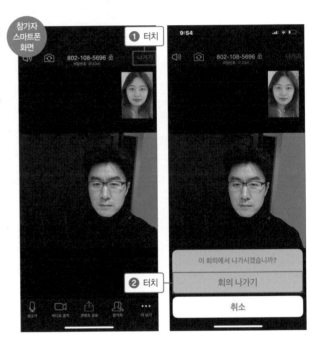

Section 04

진행자의 **PC 화면 공유하기**

진행자가 프로그램 강의를 하거나 참고 자료를 참가자들에게 보여 줄 경우 진행자의 PC 화면을 공유해야 합니다. 예제에서는 포토샵 강의를 하면서, 공유 화면에 중요 화면 표시와 문자를 입력해 보겠습니다.

01 | 진행자가 Zoom을 실행하여 화상 회의 중에 화면을 공유하기 위해 (화면 공유)를 선택합니다.

02 | 공유하려는 창 또는 앱 선택 화면이 표시되면 공유하려는 프로그램 화면을 선택합니다. 예제에서는 포토샵 프로그램을 선택한 다음 (공유) 버튼을 누릅니다.

03 │ 화면이 공유되는 프로그램의 외곽선 부분이 초록색 테두리가 표시됩니다. 화면 상단에 마우스 커서를 위치시킵니다. (음소거) 버튼과 (비디오 중지) 버튼이 비활성화되어 있는지 확인합니다.

04 │ 프로그램을 조작하는 과정이 그대로 참가자 화면에 공유됩니다. 특정 부분에 원형나 주석을 표시하기 위해 (주석 작성)을 클릭합니다.

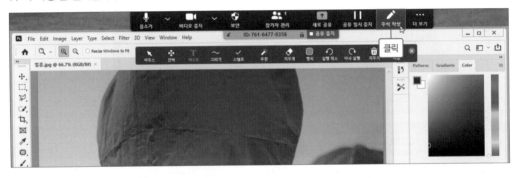

05 │ (그리기)를 클릭한 다음 표시하려는 부분에 드래그하면 그림과 같이 원형의 도형이 표시됩니다.

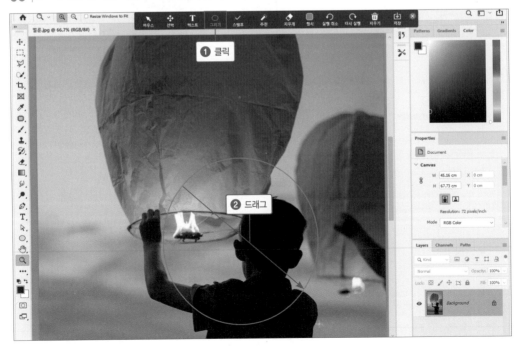

06 | 공유하는 화면에 문자를 작성하기 위해 (텍스트)를 클릭한 다음 입력하려는 부분을 클릭합니다. 문자 입력 창이 표시됩니다.

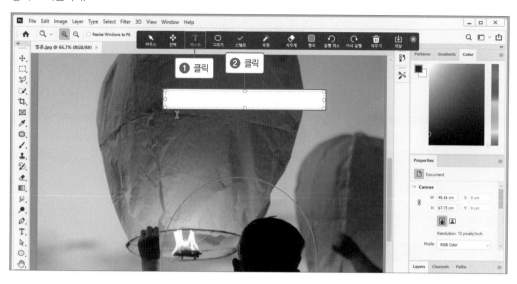

07 | 그림과 같이 문자를 입력하면 입력 창에 입력되는 것을 확인할 수 있습니다.

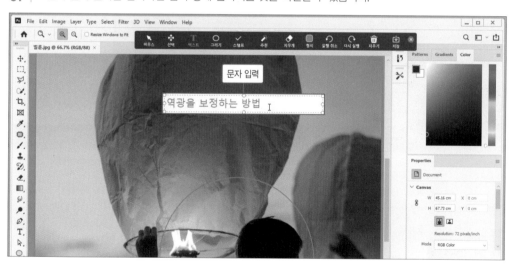

알아두기   화면 공유를 이용한 프로그램 강의

프로그램을 강의하거나 프로그램을 실행시키고 회의를 할 경우 Zoom의 화면 공유 기능을 이용하면 프로그램 내에서의 작업 과정을 공유할 수 있습니다. 별도의 프로그램 영역을 설정할 필요 없이 프로그램 인터페이스 크기에 맞게 공유됩니다. 화면 공유된 프로그램 위에는 그림을 그리거나 주석을 입력하거나 지울 수 있습니다. 공유를 중지하기 위해서는 화면 상단의 (공유 중지) 버튼을 클릭합니다.

특정 영역만 화면 공유하기

화면을 공유할 때 다른 참가자에게는 보이고 싶지 않은 부분을 가릴 경우가 있습니다. 예제에서는 공유 화면 영역을 조정하여 특정 부분만 공유하도록 조정해 보겠습니다.

01 진행자가 Zoom을 실행하여 화상 회의 중에 화면을 공유하기 위해 (화면 공유)를 선택합니다.

02 공유하려는 창 또는 앱 선택 화면이 표시되면 공유하려는 프로그램 화면을 선택합니다. 예제에서는 파워포인트 프로그램을 선택한 다음 (공유) 버튼을 클릭합니다.

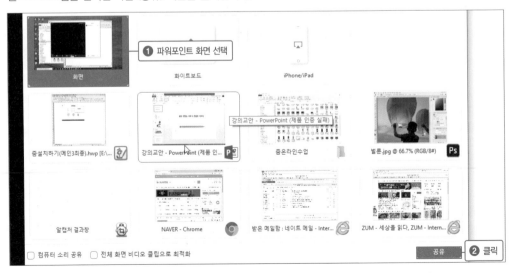

03 | 화면의 특정 부분만 공유하기 위해 화면 상단에서 (고급)을 누릅니다. (화면 일부)를 누른 다음 (공유) 버튼을 클릭합니다.

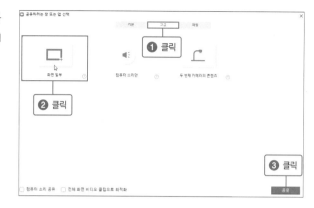

04 | 예제에서는 파워포인트의 작업 화면만 표시하고, 왼쪽의 슬라이드 화면과 하단의 주석 입력 창은 공유 화면에서 제외할 것입니다.

05 | 화면에 공유 영역을 표시해 주는 초록색 프레임이 표시됩니다.

06 │ 초록색 프레임의 상단을 드래그하여 파워포인트의 작업 화면에 맞게 위치시킵니다.

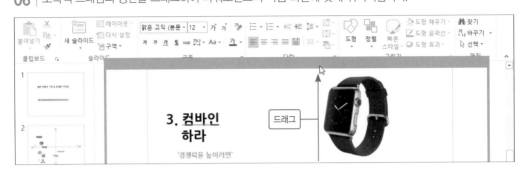

07 │ 초록색 프레임의 하단 양쪽 모서리 부분을 안쪽으로 드래그하여 파워포인트의 작업 화면에 맞게 크기를 조정합니다.

08 │ 이제 진행자는 왼쪽의 슬라이드 화면을 클릭하거나 하단의 주석을 체크하면서 강의 진행이 가능합니다. 참가자는 공유 화면 영역인 작업 화면만 볼 수 있습니다.

Section 06

원격 제어로 참가자 과제 체크하기

원격 제어를 이용하면 진행자는 참가자가 공유한 자료를 직접 수정하거나 체크할 수 있습니다. 예제에서는 공유된 파워포인트 화면에서 원격으로 진행자가 자료를 수정해 보겠습니다.

01 | 참가자가 Zoom을 실행하여 화상 회의 중에 화면을 공유하기 위해 [화면 공유]를 선택합니다.

02 | 공유하려는 창 또는 앱 선택 대화상자가 표시되면 참가자가 자신의 제출 자료를 공유하기 위해 파워포인트를 선택하고 [공유] 버튼을 클릭합니다.

03 | 그림과 같이 파워포인트 프로그램이 공유 화면으로 표시되며, 프로그램 외곽선에는 초록색의 테두리가 표시됩니다.

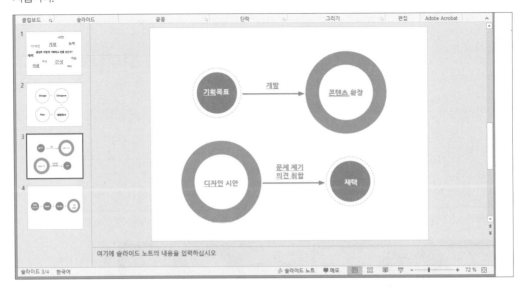

04 | 진행자가 참가자의 과제를 직접 원격 제어로 수정해 보겠습니다. 진행자 PC에서 화면 상단의 (옵션 보기)를 누른 다음 (원격 제어 요청)을 선택합니다.

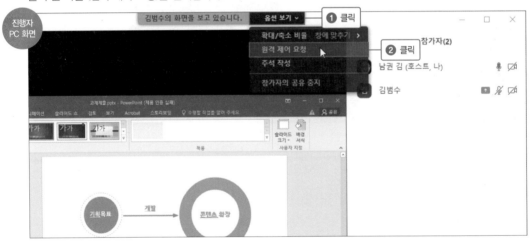

05 | 원격 제어 요청 대화상자가 표시되면 (요청) 버튼을 클릭합니다. 참가자의 승인을 기다리게 됩니다.

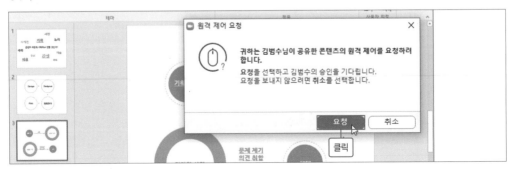

06 | 참가자의 PC 화면에 진행자의 화면 제어 요청 대화상자가 표시됩니다. 진행자가 참가자의 PC 화면을 제어하기 허락하기 위해 (승인) 버튼을 클릭합니다.

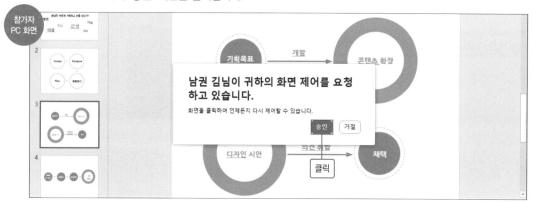

07 | 진행자의 PC에서 공유 화면을 크게 보기 위해 화면 상단의 (옵션 보기)에서 (확대/축소 비율)–(100%(원본 사이즈))를 선택합니다. 공유 화면이 100% 크기로 확대되어 표시됩니다.

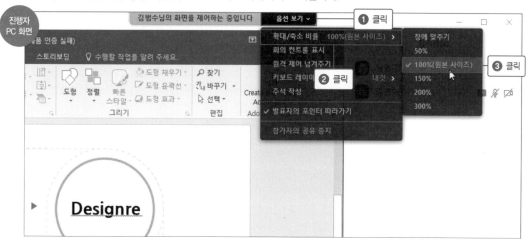

08 | 참가자의 공유 화면에서 원격으로 문자를 변경시켜 봅니다. 입력된 문자를 클릭한 다음 문자 색상을 변경합니다.

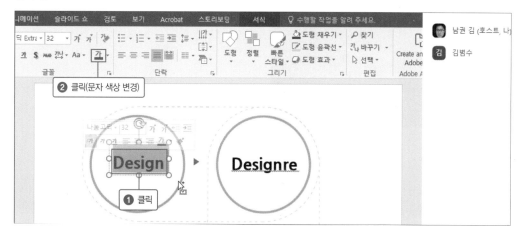

09 | 진행자가 원격으로 직접 참가자의 공유 화면을 수정하거나 변형이 가능합니다. 공유를 중지하기 위해 화면 상단의 (옵션 보기)를 누른 다음 (참가자의 공유 중지)를 선택합니다.

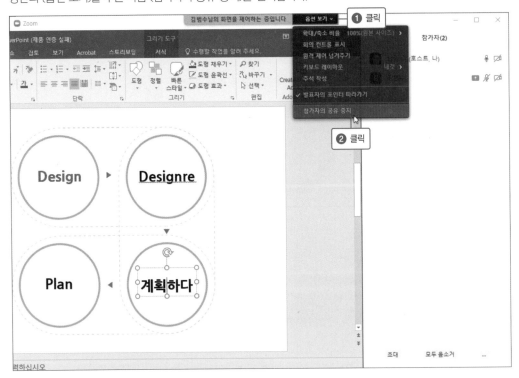

알아두기 | 원격 제어를 이용한 피드백

원격 제어는 참가자의 PC를 진행자가 직접 제어할 수 있는 기능으로, 특정 프로그램 기능을 실행시켜 자료 등을 직접 수정 또는 보완할 때 사용하면 유용합니다. 비대면 회의에서 유용하게 사용되는 기능으로, 참가자의 질문이나 해결하지 못하는 부분 등을 진행자가 직접 해결할 수 있는 장점이 있습니다.

진행자가 참가자의 PC를 제어하는 것뿐만 아니라 옵션 보기 메뉴에서 (원격 제어 넘겨주기) 기능을 이용하여 참가자가 진행자의 PC를 제어할 수도 있습니다. 원격 제어 및 공유를 중지하기 위해서는 화면 상단의 (참가자의 공유 중지)를 선택합니다.

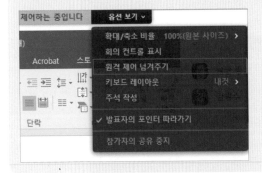

Section 07

개인 공간에 **강의 요약과 데이터 연동 저장하기**

회의를 진행하기 전에 필요한 자료와 회의 시 발표할 부분을 미리 요약해서 저장해 놓을 수 있으며, 저장한 데이터는 스마트폰 등 다양한 디바이스에서도 확인이 가능합니다.

01 | 회의를 진행하기 전에 자료를 정리하기 위해 Zoom 프로그램을 로그인한 다음 회의를 예약한 상태에서 자료 요약과 파일을 저장해 놓기 위해 홈 화면 상단의 (채팅)을 클릭합니다.

02 | 중요한 메시지 전달 화면이 표시되면 왼쪽 메뉴에서 진행자(본인)을 선택합니다. 내 개인 공간이 표시됩니다.

03 | 화면 하단에 문자 입력 창이 표시되며, 여기에 메시지를 작성합니다.

04 | 회의 전에 체크할 자료나 기억해 두어야 할 사항들을 입력해 놓습니다.

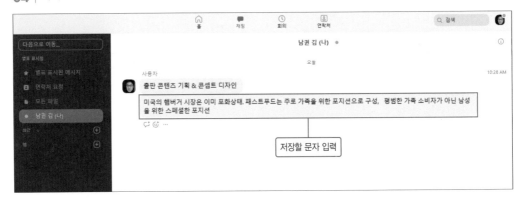

저장할 문자 입력

05 | 회의 시 사용할 파일을 저장하기 위해 (파일)을 선택한 다음 팝업 메뉴에서 (내 컴퓨터)를 선택합니다.

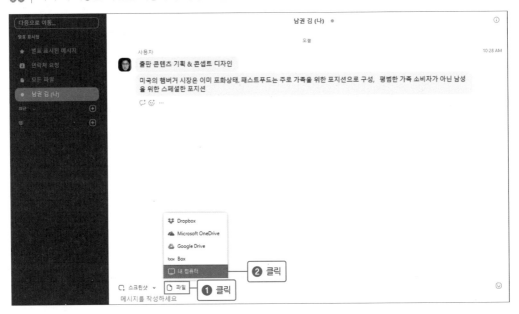

06 | 파일 업로드 대화상자가 표시되면 저장해 놓을 파일을 선택한 다음 (열기) 버튼을 클릭합니다.

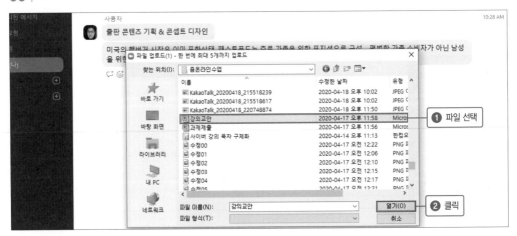

07 | 선택한 파일이 저장됩니다. 이제 저장 파일은 장소에 상관없이 PC나 스마트폰에서 확인이 가능합니다.

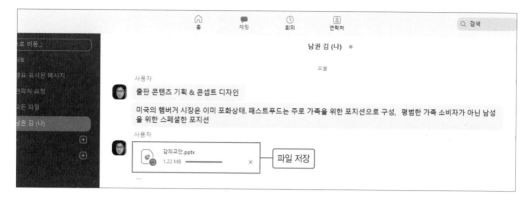

08 | 스마트폰에서 자료를 확인하기 위해 Zoom 앱을 실행한 다음 별모양의 버튼을 터치합니다. (모든 파일) 항목을 터치합니다.

09 | (개인 파일) 리스트에 PC에서 올린 자료가 표시됩니다. 자료를 터치하면 그림과 같이 자료를 볼 수 있습니다. 예제에서는 파워포인트 자료를 선택하였습니다.

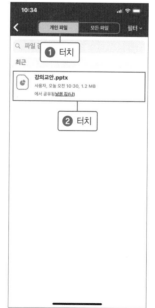

Section 08

가상 배경 사용하기

화상 회의를 할 때 지저분한 주변 환경이나 프라이버시를 위해 가상 배경을 사용할 수 있습니다. 가상 배경을 사용하는 방법과 참가자가 직접 배경 이미지를 추가하는 방법에 대해 알아보겠습니다.

01 ┃ 가상 배경을 사용해 보겠습니다. 화상 회의 시 가상 배경을 선택하기 위해 (비디오 중지) 팝업 버튼을 클릭합니다.

02 ┃ 설정 화면이 표시되면 (가상 배경)을 선택합니다. 가상 배경 선택 항목이 표시됩니다. 기본 설정은 (None) 으로 설정되어 있습니다.

03 | 금문교 배경 이미지를 선택하면 다음과 같이 인물 배경으로 합성되어 표시됩니다. 좀 더 선명한 배경 합성을 원한다면 인물 배경 뒤에 녹색 종이나 천을 배경으로 촬영합니다.

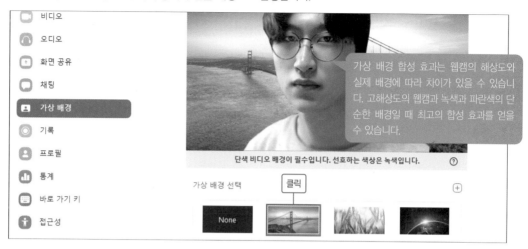

04 | 가상 배경을 추가하기 위해 추가 아이콘(⊕)을 선택한 다음 팝업 메뉴에서 [이미지 추가]를 선택합니다.

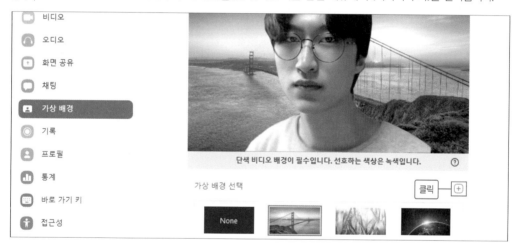

05 | 배경 이미지 선택 대화상자가 표시되면 배경 이미지로 사용할 이미지를 선택하고 [열기] 버튼을 클릭합니다. 예제에서는 본서에서 제공하는 '거실.jpg', '사무실.jpg' 파일을 사용하였습니다.

06 | 불러온 이미지를 가상 배경 선택 항목에서 선택하면 배경 이미지가 비디오에 적용되는 것을 확인할 수 있습니다.

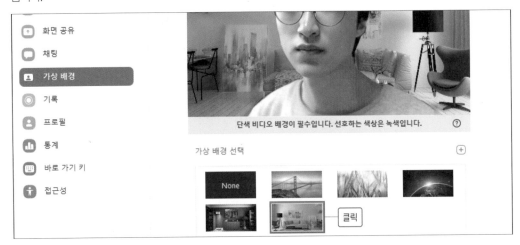

07 | 예제에서는 '사무실.jpg' 이미지를 가상 배경으로 선택한 다음 (닫기) 버튼을 클릭합니다.

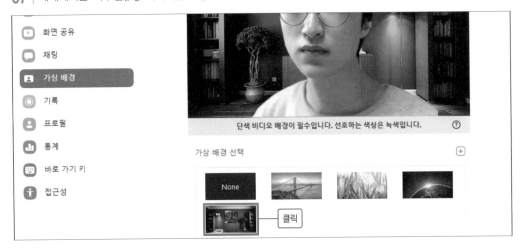

08 | 그림과 같이 화상 회의 화면에 선택한 가상 배경 이미지가 적용된 것을 확인할 수 있습니다. 원상태로 되돌리려면 설정 화면에서 (None)을 선택합니다.

▲ 거실　　　　　▲ 사무실　　　　　▲ 공원

▲ 뮤직룸　　　　　▲ 휴양지2　　　　　▲ 루프

▲ 배경　　　　　▲ 휴양지　　　　　▲ 바다

▲ 카페　　　　　▲ 강의실　　　　　▲ 클럽

▲ 숲　　　　　▲ 회의실　　　　　▲ 학교

▲ 카페2　　　　　▲ 서재　　　　　▲ 미술관

Section 09

화이트보드 사용하기

화이트보드 기능은 자유롭게 그림을 그리거나 문자를 작성하여 참가자와 공유를 할 수 있는 기능입니다. 화이트보드 기능으로 선과 도형, 문자를 이용하여 약도를 작성해 보겠습니다.

01 | 진행자가 Zoom을 실행하여 화상 회의 중에 화면을 공유하기 위해 [화면 공유]를 선택합니다.

02 | 공유하려는 창 또는 앱 선택 대화상자가 표시되면 [화이트보드]를 선택한 다음 [공유] 버튼을 클릭합니다.

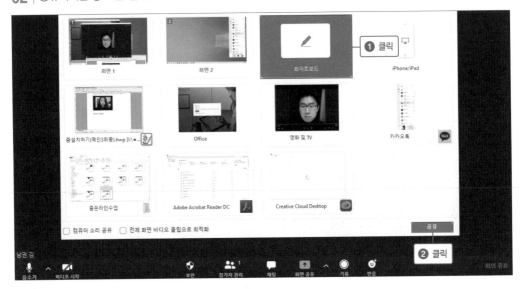

03 | 화이트보드 화면이 표시됩니다. 약도를 그리기 위해 먼저 (형식)을 누른 다음 색상은 갈색, 선 두께는 두껍
게 지정합니다.

04 | (그리기)를 누른 다음 (부드러운 선)을 선택합니다. 도로를 표현하기 위해 사선 형태로 드래그합니다.

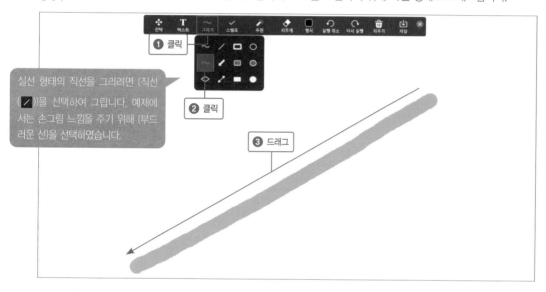

05 | 사선 위에 가로선을 드래그하여 도로를 표현을 완성합니다.

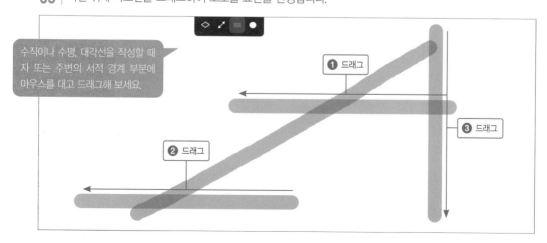

06 | 〔형식〕에서 초록색을 선택하고 사각형 도구를 선택한 다음 드래그하여 사각 도형을 그립니다.

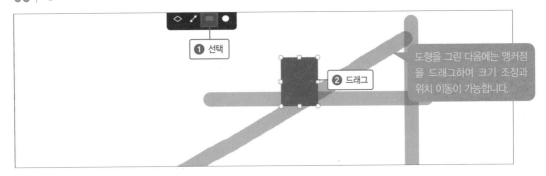

도형을 그린 다음에는 앵커점을 드래그하여 크기 조정과 위치 이동이 가능합니다.

07 | 〔형식〕에서 주황색을 선택하고 원형 도구를 선택한 다음 드래그하여 원형 도형을 그립니다.

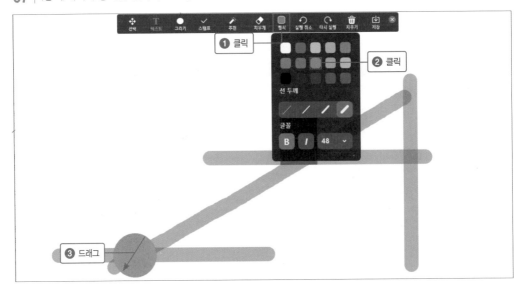

08 | 〔텍스트〕를 선택한 다음 글꼴을 볼드, 글자 크기는 '36'으로 지정하고 약도 위에 문자를 입력합니다.

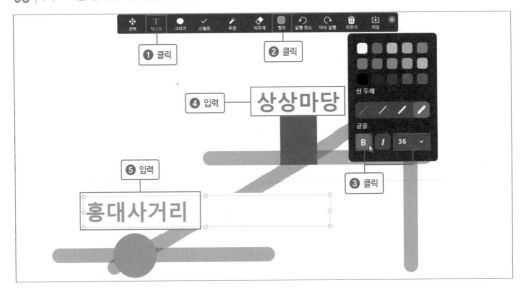

09 | 추가로 문자를 입력하여 도로와 문자가 입력된 약도를 작성합니다.

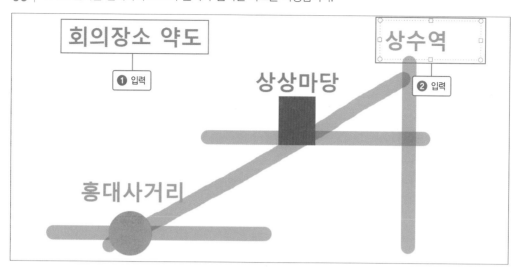

10 | [그리기]에서 [화살표]를 선택한 다음 시작점과 끝점을 드래그하여 화살표를 추가하여 약도를 완성합니다.

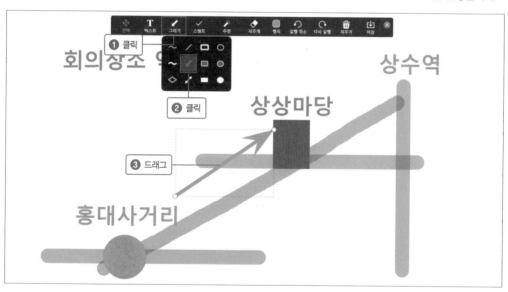

11 | 화이트보드에서 작성한 약도를 저장하기 위해 [저장]을 클릭합니다. '화이트보드가 저장되었습니다.'라는 메시지가 표시됩니다.

Section 10

동영상 파일로 **회의 기록하기**

온라인 수업이나 화상 회의 영상을 기록해 두면 다른 강의에서 사용할 수 있는 장점이 있으며, 데이터를 보관하기에도 편리합니다. 회의 영상을 MP4 파일로 기록하는 방법과 재생을 확인해 보겠습니다.

01 | 온라인 수업이나 화상 강의를 기록하기 위해 화상 강의 창 하단의 (기록)을 클릭합니다.

02 | 화면 상단에 '기록중..'이라고 표시되면 화면이 녹화되는 것을 확인할 수 있습니다.

03 | '회의가 종료되면 기록된 파일이 mp4로 변환됩니다.'라는 메시지가 표시됩니다. 회의가 종료되면 오른쪽 하단의 (회의 종료)를 클릭합니다.

04 | 회의가 종료되면 파일 변환 대화상자가 표시되며, MP4 동영상 파일로 저장됩니다.

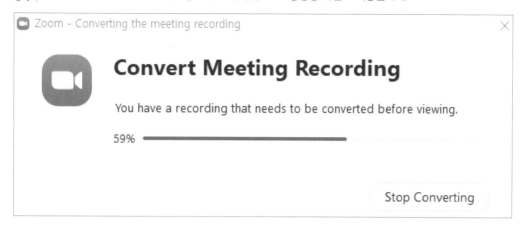

05 | 파일이 저장된 폴더를 확인해 보면 줌 화상 회의가 기록된 MP4 파일을 확인할 수 있습니다.

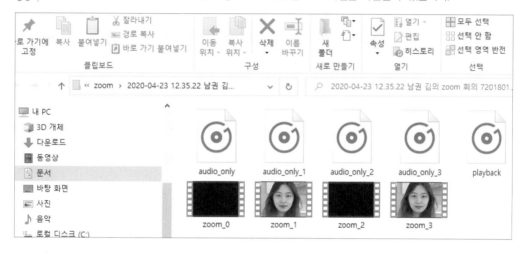

알아두기 Zoom 저장 폴더는 내 PC → 문서 폴더 → Zoom 폴더에 날짜별로 저장됩니다.

06 | 저장된 동영상 파일을 재생하면 재생 플레이어로 동영상 파일이 재생되는 것을 확인할 수 있습니다.

Section 11

팀별 과제를 위한 **소회의실 만들기**

Zoom 온라인 수업을 하면서 참가자들을 나눠 별도로 소회의실을 만들어 팀별 과제를 위한 회의를 진행할 수 있습니다. 내 계정의 설정 기능을 이용하여 소회의실 만드는 방법에 대해 알아보겠습니다.

01 | 웹 브라우저의 주소 창에 'zoom.us'를 입력히여 Zoom 시이트에 접속한 다음 (내 계정)을 클릭합니다.

02 | 내 계정 화면이 표시되면 왼쪽 메뉴에서 (설정)을 선택하면, 회의 관련 설명 항목이 표시됩니다.

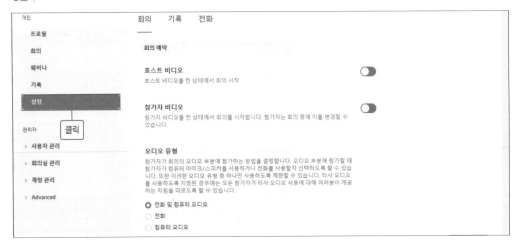

03 | 〔소회의실〕 항목을 활성화시킨 다음 하위 옵션인 〔예약 시 호스트가 참가자를 소회의실에 할당하도록 허용〕
도 체크하고 〔저장〕 버튼을 클릭합니다.

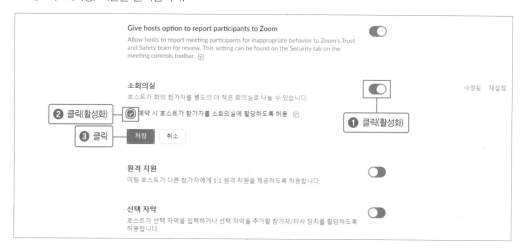

04 | 줌을 실행하여 홈 화면을 표시합니다. 바로 회의를 시작할 수 있는 〔새 회의〕 버튼이나 회의를 예약할 수 있
는 〔예약〕 버튼을 눌러 회의를 시작합니다.

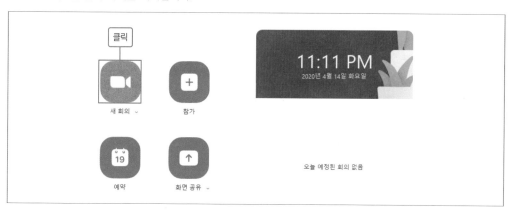

05 | 회의 작업 창이 표시되면 화면 하단에
〔소회의실〕이 새로 생긴 것을 확인할 수 있습
니다. 소회의실을 만들기 위해 〔소회의실〕을
클릭합니다.

06 | 소회의실 만들기 대화상자가 표시되면 소회의실 개수를 지정합니다. 여기서는 '3'으로 입력하여 회의실을 3개 만들고 (수동)을 선택한 다음 (만들기) 버튼을 클릭합니다.

07 | 3개의 소회의실이 만들어졌습니다. 소회의실은 각각 '소회의실 1', '소회의실 2', '소회의실 3'으로 표시되어 있습니다.

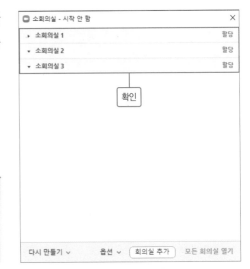

> **알아두기** 줌 버전이 5.3.2일 경우 소회의실 할당 옵션이 추가되었습니다. 최신 버전의 경우 참가자는 자유롭게 소회의실을 이동할 수 있습니다. 업데이트 확인 기능은 59쪽 (업데이트 확인)을 참조하세요.

알아두기 줌 버전 확인하기

줌 화면 왼쪽 상단의 (회의 정보)를 클릭한 다음 (설정) 버튼을 클릭하면 설정 화면의 (통계)를 클릭하여 줌 버전을 확인할 수 있습니다.

Section 12

과별 팀원 할당하여 **팀 구성하기**

진행자는 원하는 개수대로 소회의실을 만들고, 참가자들을 소회의실에 할당시킬 수 있습니다. 예제에서는 6명의 참가자를 2명씩 3개의 소회의실에 할당해 보겠습니다.

01 │ 소회의실의 이름을 주제에 맞게 변경합니다. 팀별 과제이기 때문에 소회의실 이름을 변경해 보겠습니다.

02 │ '소회의실 1' 항목에 마우스 커서를 위치하면 [이름 바꾸기]가 표시됩니다.

03 │ (이름 바꾸기)를 눌러 '소회의실 1' 이름을 '1팀'으로 변경합니다. 마찬가지로, 소회의실 이름을 '2팀', '3팀'으로 변경합니다.

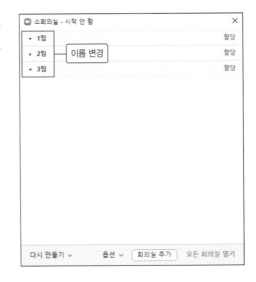

04 │ 1팀에 2명의 참가자를 할당하기 위해 (할당)을 누르면 참가자 항목이 표시됩니다.

05 │ 1팀에 할당하려는 참가자 이름 앞의 체크박스를 체크합니다.

06 | 같은 방법으로 각 팀에 참가자를 선택하여 할당합니다. 이제 2팀과 3팀에도 2명씩 참가자로 구성되었습니다.

07 | 이름 앞의 팝업 버튼을 누르면, 팀별로 할당되어 있는 참가자를 확인할 수 있습니다.

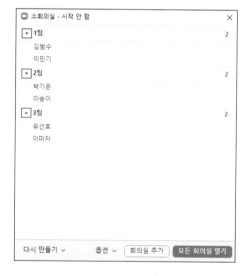

Section 13

한번에 모든 **팀별 회의실 열기**

소회의실에 참가자를 할당시켰다면 현재 메인 세션에 위치해 있는 참가자들을 소회의실로 이동 시켜서 회의실을 열어야 합니다. 참가자들을 각각의 팀별 회의실로 이동시켜 보겠습니다.

01 | 소회의실에 팀 이름을 변경한 다음 참가자를 할당 했다면 소회의실을 열기 전에 옵션을 설정하기 위해 [옵 션]을 클릭합니다.

02 | 진행자가 설정한 팀별 참가자 할당 작업을 바로 적용시키기 위해 [모든 참가자를 자동으로 소회의실로 이 동합니다]를 체크합니다. [모든 회의 열기] 버튼을 클릭합니다.

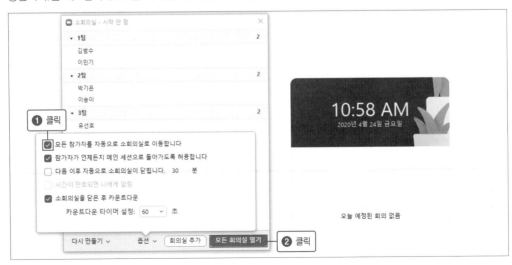

03 | 소회의실 대화상자를 확인해 보면 모든 참가자가 각 각의 팀별 회의실로 이동된 것을 확인할 수 있습니다.

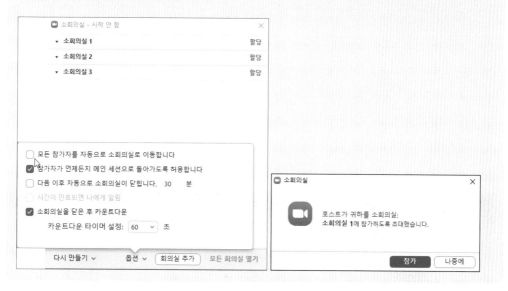

소회의실에 할당된 참가자들이 실제로 팀별 회의실로 이동하면 참가자 이름 앞에 초록색 원형 마크가 표시됩니다.

알아두기 소회의실 할당 여부

소회의실 설정 옵션에서 [모든 참가자를 자동으로 소회의실로 이동합니다] 체크박스를 비활성화하면 진행자가 할당하더라도 참가자에게 참가 여부를 묻는 대화상자가 표시됩니다. 만약 참가자가 [나중에]를 선택하면 할당된 소회의실에 참가하지 않고, 메인 세션에 위치하게 됩니다.

Section **14**

팀별 소회의실에서 **도움 요청하기**

팀별로 나눠진 소회의실에서 진행자의 도움이 필요할 때는 참가자들은 도움 요청 기능을 이용하여 진행자를 자신의 소회의실로 불러들일 수 있습니다.

01 | 진행자의 Zoom 화면에는 소회의실에 참가자들이 할당되어 이동되었다면 참가자 이름 앞에 초록색 원형 마크가 표시됩니다.

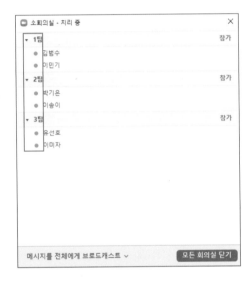

02 | 참가자의 Zoom 화면에는 소회의실 형태로 할당된 참가자들만 영상 회의가 진행됩니다.

03 | 소회의실에서 참가자들이 회의 중에 진행자의 도움이 필요할 경우에는 화면 하단의 (도움 요청)을 클릭합니다. '도움을 요청하기 위해 호스트를 이 소회의실에 초대할 수 있습니다.'라는 메시지가 표시되면 (호스트 초대) 버튼을 클릭합니다.

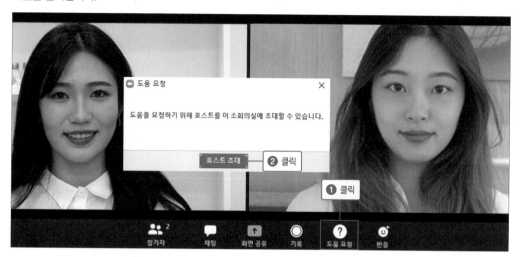

04 | 진행자 PC의 Zoom 화면에 해당 팀에서 도움을 요청하는 메시지 대화상자가 표시됩니다. (소회의실 참가) 버튼을 클릭합니다.

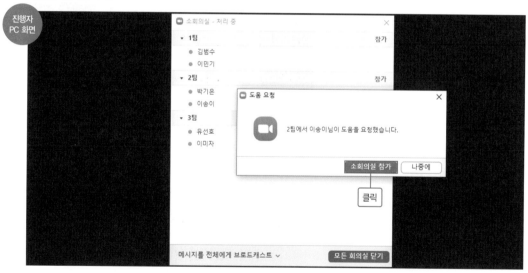

05 | 진행자가 소회의실 해당 팀으로 참가 진행되는 화면이 표시됩니다.

06 | 도움을 요청한 소회의실에 진행자가 참여하게 됩니다. '호스트는 현재 이 회의실에 있습니다.'라는 메시지가 표시됩니다.

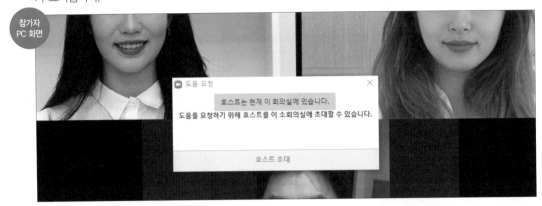

07 | 도움을 요청한 소회의실에는 해당 팀원들과 진행자가 함께 영상 회의를 할 수 있게 되었습니다.

08 | 도움을 요청한 소회의실에서 팀원들과 화상 회의가 끝나면 화면 오른쪽 하단의 [소회의실 나가기]를 누릅니다. '소회의실에서 나가서 메인 세션으로 돌아가시겠습니까?' 라는 메시지가 표시되면 [메인 세션으로 돌아가기] 버튼을 클릭합니다. 진행자가 Zoom 메인 세션으로 돌아가는 화면이 표시됩니다.

Section 15

진행자가 팀별 회의실을 **선별하여 참여하기**

진행자는 참가자들의 도움 요청을 하지 않더라도 선별적으로 소회의실에 참가할 수 있습니다. 진행자가 선택한 소회의실에 참가하는 방법을 알아보겠습니다.

01 │ 소회의실에 참가자들이 할당되어 참가자들이 해당 팀 소회의실에서 영상 회의를 하고 있다면 참여하려는 팀의 (참가) 버튼을 클릭합니다.

02 │ '1팀에 참가하시겠습니까?'라는 메시지가 표시되면 (예) 버튼을 클릭합니다.

03 │ 진행자가 선택한 소회의실 해당 팀으로 참가 진행되는 화면이 표시됩니다. 그림과 같이 선별해서 참가한 소회의실로 진행자가 참여하게 됩니다.

Section **16**

팀별 회의실 참가자를 **다른 팀으로 이동시키기**

진행자는 소회의에 할당되어 있는 참가자를 다른 소회의실로 할당시킬 수 있습니다. 팀원의 변동이 있거나 팀원을 보강할 때 직권으로 다른 팀 소회의실로 이동시킵니다.

01 | 진행자가 소회이실에 참가자들을 할당시켰다면 다른 소회의실로 이동시키기 위해 이동시키려는 팀의 참가자를 선택하면 이동시키려는 소회의실 이름이 표시됩니다. 1팀에서 2팀으로 이동시키기 위해 '2팀'을 선택합니다.

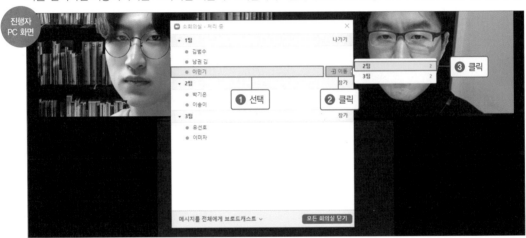

02 | 진행자가 이동시키려는 참가자는 선택된 소회의실로 이동됩니다.

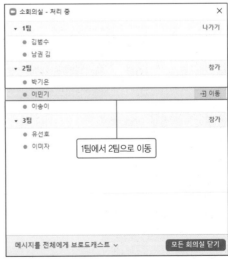

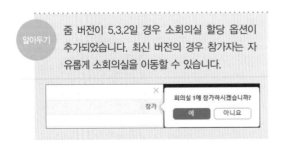

알아두기 줌 버전이 5.3.2일 경우 소회의실 할당 옵션이 추가되었습니다. 최신 버전의 경우 참가자는 자유롭게 소회의실을 이동할 수 있습니다.

Section 17

팀별 회의실 참가자에게 **전체 공지하기**

소회의실을 만들어 참가자들을 할당했다면 전제적인 의사 진행을 위해 참가자 전체에게 공지할 수 있는 브로드캐스트 기능을 제공합니다. 브로드캐스트 입력 창으로 전체 공지 방법을 알아보겠습니다.

01 │ 진행자가 소회의실에 참가자들을 각각 할당했다면 소회의실에 전체 공지를 보낼 수 있습니다. 현재는 3개의 소회의실로 구성되어 있습니다. 전체 소회의실에 공지를 보내기 위해 [메시지를 전체에게 브로드캐스트]를 클릭합니다. 브로드캐스트 입력 창이 표시됩니다.

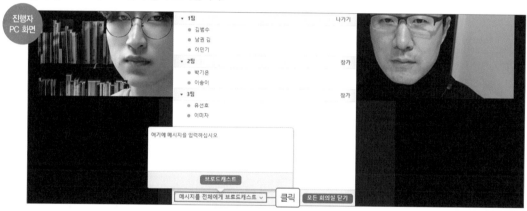

02 │ 입력 창에 전체 공지할 내용을 입력한 다음 [브로드캐스트] 버튼을 클릭합니다. 모든 회의실에 전체 공지가 전송됩니다.

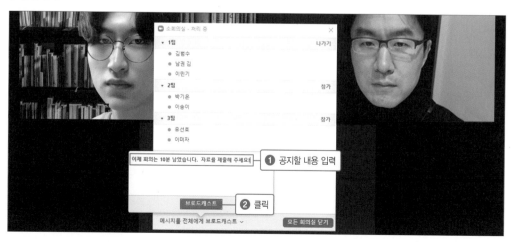

Section 18

모든 **소회의실 닫기**

소회의실에서 팀별 회의가 끝났다면 진행자는 모든 소회의를 닫을 수 있습니다. 모든 소회의실 닫기 기능을 이용하면 팀원들이 정리할 시간을 주기 위해 일정 시간을 주며, 소회의가 닫히면 메인 세션으로 돌아갑니다.

01 │ 모든 회의실을 닫기 위해 (모든 회의실 닫기) 버튼을 클릭합니다.

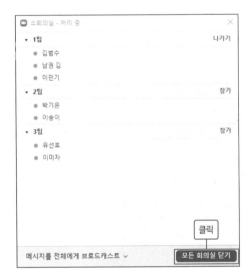

02 │ '모든 소회의실이 59초 후에 닫힙니다'라는 메시지가 표시됩니다. 59초 후에는 자동으로 메인 세션으로 되돌아갑니다.

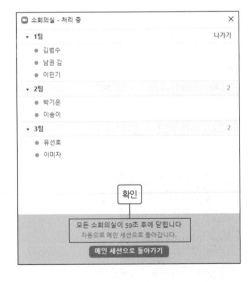

Section 19

진행자 임명하고 **화상 회의 종료하기**

회의를 종료하기 위해서는 화상 회의 화면 하단의 회의 종료 기능을 이용합니다. 만약 진행자가
회의를 종료해도 나머지 진행자들이 회의를 유지하게 하려면 진행자 중에 한명을 진행자(호스트)로
지정합니다.

01 │ 화상 회의를 종료하기 위해 화상 회의
화면 오른쪽 하단의 [회의 종료] 버튼을 클
릭합니다. 회의가 계속 진행되도록 호스트를
지정하는 대화상자가 표시됩니다. 회의를 종
료하려면 [모두에 대해 회의 종료] 버튼을 클
릭합니다.

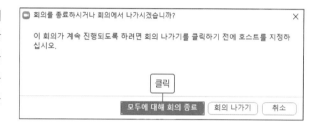

02 │ 회의를 유지시키기 위해 진행자(호스
트)를 지정하려면 진행자로 임명하려는 참가
자 항목을 선택한 다음 표시되는 팝업 메뉴
에서 [호스트 만들기]를 클릭합니다.

03 │ '호스트를 선택한 참가자로 변경하시
겠습니까?'라는 메시지가 표시되면 [예] 버
튼을 클릭합니다. 이제 기존 진행자는 [회의
나가기] 버튼을 눌러 회의실에서 나갑니다.

온라인 강의
녹화하기

온라인 강의를 직접 카메라와 스마트폰을 활용해서
촬영하는 방법도 있지만, 컴퓨터 앞에 앉아서 웹캠과
PC용 마이크를 활용하여 진행할 수 있습니다. OBS
스튜디오 프로그램을 활용하여 화면을 녹화하고 소리를
녹음하는 방법에 대해 알아봅니다. 이 파트에서는 OBS
스튜디오의 사용 방법과 올바른 녹화 방법에 대해 알아
봅니다.

Part 4

Section 01

온라인 강의에 최적화 프로그램,
OBS 스튜디오 살펴보기

OBS 스튜디오는 스트리머나 BJ들이 방송하기 위해 사용하는 프로그램입니다. 훌륭한 녹화 기능과 직관적인 환경 설정으로 인해 온라인 강의 촬영에서도 유용하게 사용할 수 있습니다. OBS 스튜디오의 기본 구성에 대해 알아봅니다.

OBS 스튜디오 화면 구성 미리 보기

❶ **메뉴 표시줄** : OBS 스튜디오의 기능들이 메뉴 형식으로 위치해 있습니다.

❷ **미리 보기 창** : 방송이나 녹화가 되는 화면이 표시됩니다. 실제 미리 보기 창에 표시되는 화면으로 녹화됩니다.

❸ **장면 목록** : 상황에 맞게 다양한 방송 환경을 프리셋처럼 저장하고 언제든 불러들여 사용할 수 있습니다.

❹ **소스 목록** : 캠을 띄우고, PPT나 자료 화면을 표시하거나 글씨를 넣는 등 다양한 효과를 사용할 수 있습니다.

❺ **오디오 믹서** : 화면의 소리, 마이크 소리와 같은 오디오가 직관적으로 표시됩니다.

❻ **녹화 시작** : 녹화를 시작하게 하는 버튼입니다. 녹화가 시작되면 [녹화 중단]으로 바뀝니다.

❼ **설정** : 마이크 설정, 해상도, 녹화본 저장 경로 등 다양한 설정을 할 수 있습니다.

❽ **끝내기** : OBS 스튜디오가 종료됩니다.

Section 02

강의 화면 구성을 위한 OBS 스튜디오 설치하기

카메라를 활용해 강단이나 칠판 앞에서 강의하는 방법이 있지만, 컴퓨터와 웹캠을 이용하여 PPT나 자료를 띄우면서 강의를 진행할 수 있습니다. 영상 강의에 최적화된 프로그램인 OBS 스튜디오를 설치하는 방법에 대해 알아봅니다.

OBS 스튜디오 다운로드하기

01 │ 웹 브라우저에서 OBS 스튜디오 사이트(https://obsproject.com/ko/download)로 이동합니다. (인스톨러 내려받기)를 클릭합니다.

02 │ 다운로드를 진행합니다.

03 | 실행 파일이 자동으로 실행됩니다. OBS 스튜디오의 설치가 진행됩니다.

구성 마법사 설정하기

04 | 설치가 완료되면 자동으로 OBS 스튜디오가 실행됩니다. 구성 마법사 설정 창이 실행되면 (예) 버튼을 클릭합니다.

05 | (녹화 최적화, 방송은 하지 않음)을 체크 표시하고 (다음) 버튼을 클릭합니다.

06 | 비디오 설정 창이 뜨면 해상도 1920 x 1080과 FPS 30∼60을 확인하고 [다음] 버튼을 클릭합니다.

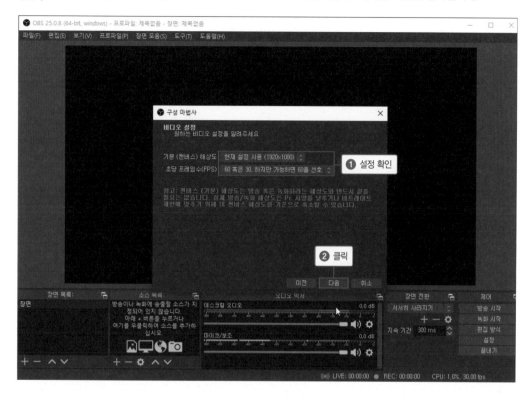

07 | 최종 결과를 확인하고 [설정 적용] 버튼을 클릭합니다. OBS 스튜디오의 기본 설정이 완료됩니다.

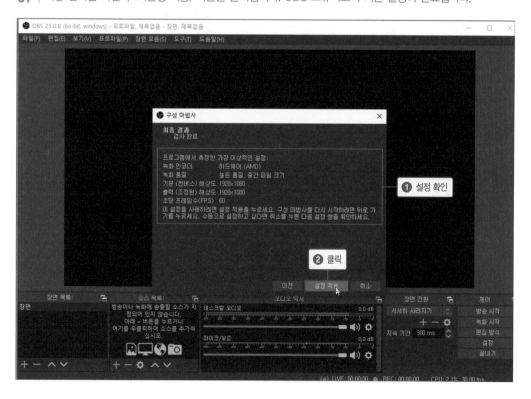

Section 03

강의에 필요한 **PC 화면 만들기**

   웹캠과 마이크의 설정을 완료하였다면 설정을 통해 온라인 강의에 최적화된 강의 화면을 만들 수 있습니다. 여기서는 PC 화면을 표시하는 방법에 대해 알아보겠습니다.

01 | OBS 스튜디오를 실행합니다. 소스 목록 패널 밑에 있는 추가 아이콘(➕)을 클릭합니다.

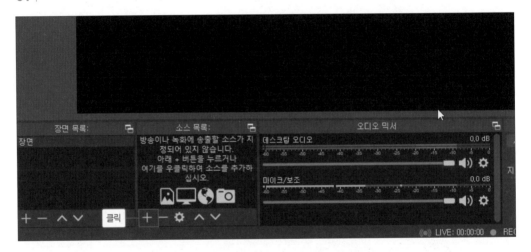

02 | 메뉴가 표시되면 PC 화면을 표시하기 위해 (디스플레이 캡쳐)를 선택합니다.

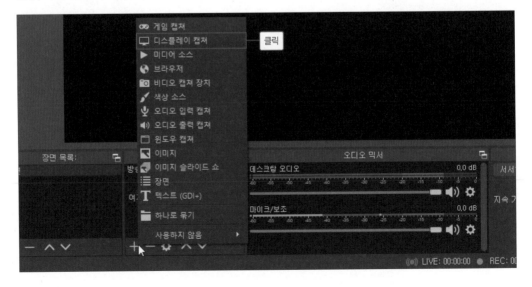

03 │ 소스 만들기/선택 대화상자가 표시되면 (확인) 버튼을 클릭합니다.

04 │ 디스플레이 캡쳐 대화상자가 표시되면 마우스 커서가 보이도록 (커서 캡쳐)를 체크한 다음 (확인) 버튼을 클릭합니다.

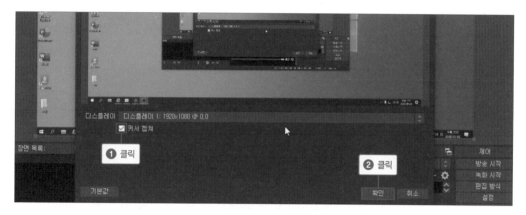

05 │ 그림과 같이 OBS 스튜디오에 화면 캡쳐가 표시됩니다. 디스플레이 캡쳐가 마무리되었습니다.

Section 04

강사가 동시에 표시되는 웹캠 녹화 화면 설정하기

디스플레이 캡처 기능을 활용하여 PC 화면이 OBS 스튜디오 미리 보기 창에 표시되게 만들었다면 연결한 웹캠을 통해 강사가 보이게 설정합니다. 여기서는 [비디오 캡처 장치] 기능을 활용하여 웹캠 녹화 화면을 설정하여 인물이 표시되는 방법에 대해 알아보겠습니다.

01 | PC에 연결된 웹캠 화면을 OBS 스튜디오에 표시해 보겠습니다. 소스 목록 패널 밑에 있는 추가 아이콘(➕)을 클릭합니다.

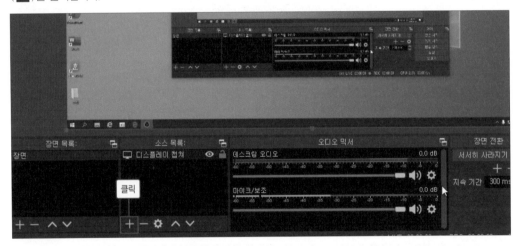

02 | 다양한 소스 목록 메뉴가 표시되면 웹캠 화면을 띄우기 위해 [비디오 캡처 장치]를 선택합니다.

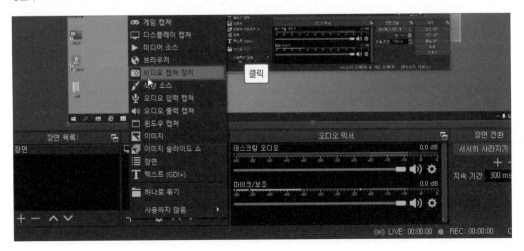

03 | 소스 만들기/선택 대화상자가 표시되면 (확인) 버튼을 클릭합니다.

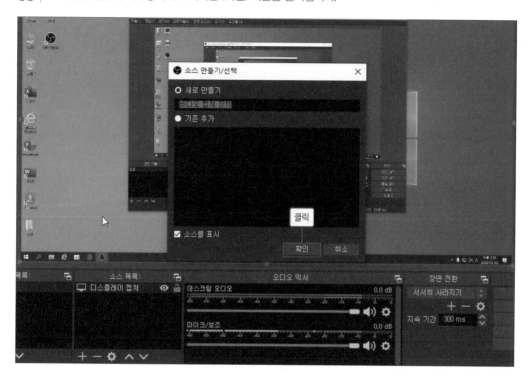

04 | 비디오 캡쳐 장치 속성 대화상자가 표시됩니다. 웹캠 연결이 잘 되어 있다면 웹캠으로 촬영하는 화면이 표시됩니다. 장치에 연결된 웹캠의 품명을 확인하고 (비디오 설정)을 클릭합니다.

05 | 웹캠으로 촬영하는 화면을 자유롭게 색 보정할 수 있습니다. 기호에 맞게 알맞게 설정합니다. 인스타그램이나 카카오톡의 사진 필터와 같은 개념이라고 생각하면 쉽습니다. 설정 후에는 (확인) 버튼을 클릭합니다.

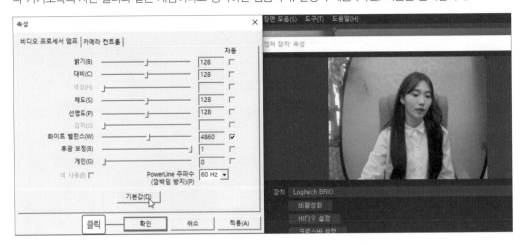

알아두기 항목별 살펴보기

❶ **밝기** : 영상의 명암을 조절할 수 있습니다.
❷ **대비** : 영상의 명암 차이 정도를 조절할 수 있습니다.
❸ **채도** : 영상 색상의 선명도를 조절할 수 있습니다.
❹ **선명도** : 영상 자체의 선명도를 조절할 수 있습니다.
❺ **화이트 밸런스** : 영상의 색온도를 조절할 수 있습니다.

06 | 추가로 설정할 것이 없다면 (확인) 버튼을 눌러 설정을 마무리합니다.

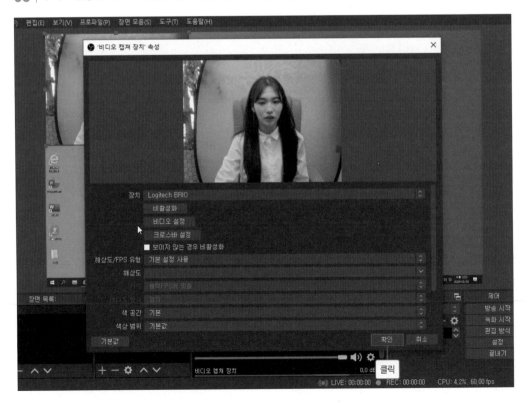

07 | OBS 스튜디오의 모니터 패널에 웹캠 화면이 표시됩니다. 빨간색 테두리를 드래그하면 크기를 설정할 수 있습니다. 빨간색 테두리 내부를 드래그하면 화면을 이동할 수 있습니다.

08 | 온라인 강의에 지장이 없도록 화면을 오른쪽 하단으로 드래그하여 이동합니다. 그림과 같이 OBS 스튜디오 모니터에 웹캠의 인물 화면이 들어왔습니다.

Section 05

스마트폰을 웹캠으로 사용하는 경우
촬영 화면 구성하기

일반적인 외부 웹캠이 아니라 스마트폰을 웹캠으로 사용하는 경우 OBS 스튜디오와 연결해야 합니다. 여기서는 스마트폰을 웹캠으로 OBS 스튜디오에서 활용하는 방법에 대해 알아보겠습니다.

01 | PC와 스마트폰에 iVCam 프로그램과 앱을 실행한 채로 스마트폰 연결 케이블을 PC와 연결합니다.

> iVCam 프로그램 설치는 Part 01의 Section 04를 참고하세요.

02 | PC에 연결된 스마트폰 화면을 OBS 스튜디오에 표시해 보겠습니다. 소스 목록 패널 밑에 있는 추가 아이콘(➕)을 클릭합니다.

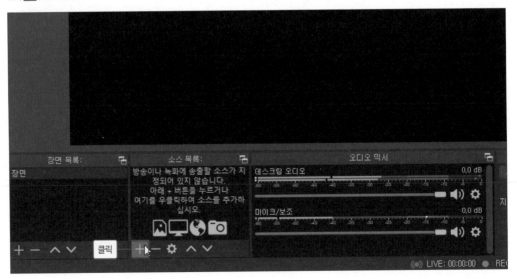

03 | 다양한 소스 목록 메뉴가 표시되면 스마트폰 화면을 표시하기 위해 (비디오 캡쳐 장치)를 선택합니다.

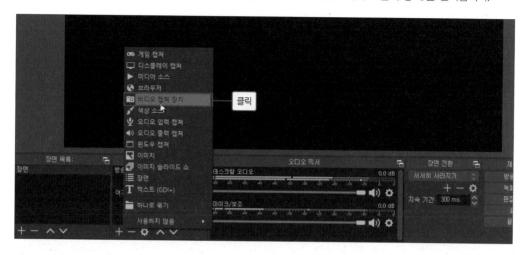

04 | 소스 만들기/선택 대화상자가 표시되면 (확인) 버튼을 클릭합니다.

05 | 비디오 캡쳐 장치 속성 대화상자가 표시됩니다. 스마트폰으로 촬영하는 화면이 표시됩니다. 장치에 연결된 웹캠 이름이 iVCam인 것을 확인하고 (확인) 버튼을 클릭합니다.

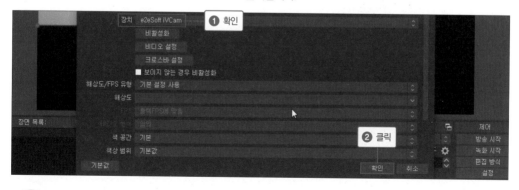

알아두기 비디오 설정

웹캠 설정 과정과 마찬가지로 (비디오 설정)을 통해 스마트폰으로 촬영하는 화면을 자유롭게 색 보정할 수 있습니다. 기호에 맞게 알맞게 설정합니다.

06 │ OBS 스튜디오의 모니터 패널에 스마트폰 웹캠 화면이 표시됩니다. 빨간색 테두리를 드래그하면 크기를 설정할 수 있습니다. 빨간색 테두리 내부를 드래그하면 화면을 옮길 수 있습니다.

07 │ 온라인 강의에 지장이 없도록 화면을 오른쪽 아래로 드래그하여 옮겨줍니다. 그림과 같이 OBS 스튜디오 모니터에 스마트폰 웹캠 화면 위치가 옮겨집니다.

Section 06

강사의 **배경 화면을 투명하게 만들기**

    PC 화면과 강사 화면을 자연스럽게 합성하기 위해서는 먼저 강사 뒤쪽 배경을 투명하게 만들어야 합니다. 녹색이나 파란색 크로마 키를 설치한 다음 크로마 키를 투명하게 만들어 보겠습니다.

01 │ 강사의 배경을 투명하게 만들기 위해 녹색이나 파란색 크로마 키 또는 배경지를 설치합니다.

02 │ 웹캠에 표시된 녹색 부분을 투명하게 만들어 PC 화면과 합성하여 표현할 수 있습니다. 소스 목록 패널의 (비디오 캡쳐 장치) 부분에 대고 마우스 오른쪽 버튼을 클릭합니다.

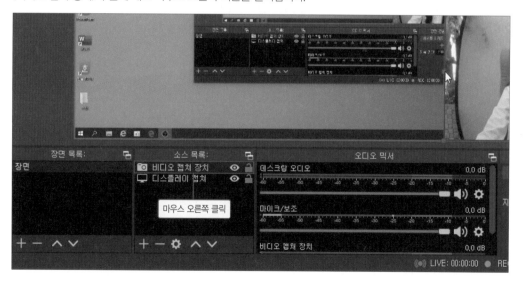

03 | 메뉴가 표시되면 (필터)를 선택합니다.

04 | (비디오 캡쳐 장치)에 대한 필터 대화상자가 표시되면, 효과 필터 패널 하단의 추가 아이콘(**+**)을 클릭합니다.

05 | 메뉴가 표시되면 (크로마 키)를 선택합니다.

알아두기   크로마 키는 영화 촬영이나 드라마 촬영 등에서 배경을 제거하고 인물만 남기기 위해 사용하는 배경 천입니다. 흔히 녹색과 파란색을 사용하여 그린 스크린, 블루 스크린이라고도 합니다.

06 | 필터 이름 대화상자가 표시되면 (확인) 버튼을 클릭합니다.

07 | 크로마 키에 대한 필터를 설정하는 대화상자가 표시됩니다. '유사성'과 '매끄러움' 정도를 설정하고 (닫기) 버튼을 클릭합니다. 효과를 설정하다 원래의 설정으로 가고 싶으면 (기본값)을 클릭하면 됩니다.

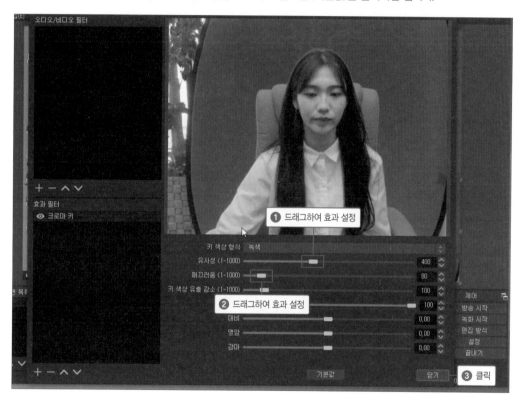

08 | 녹색 배경이 투명하게 변경되었습니다. 강사 뒤쪽에는 PC 화면이 보이는 것을 확인할 수 있습니다.

Section 07

화면에 **문자 입력하기**

웹캠 화면이나 컴퓨터 화면에 문자를 입력할 수 있습니다. 온라인 강의 중 수업 제목이나 공지사항 같은 것을 표시하여 보는 사람에게 시각적인 문자로 소통할 수 있습니다. 문자를 추가하는 방법에 대해 알아보겠습니다.

01 | OBS 스튜디오를 실행한 다음 소스 목록 패널 하단의 추가 아이콘(➕)을 클릭합니다.

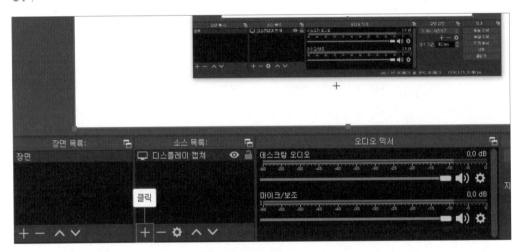

02 | 다양한 소스 목록들이 나옵니다. 화면 위에 텍스트를 띄우기 위해 (텍스트 (GDI +))를 선택합니다.

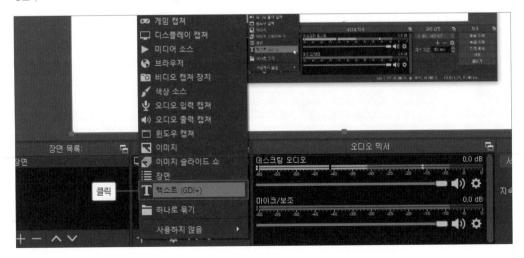

03 | 소스 만들기/선택 대화상자가 표시되면 (확인) 버튼을 클릭합니다.

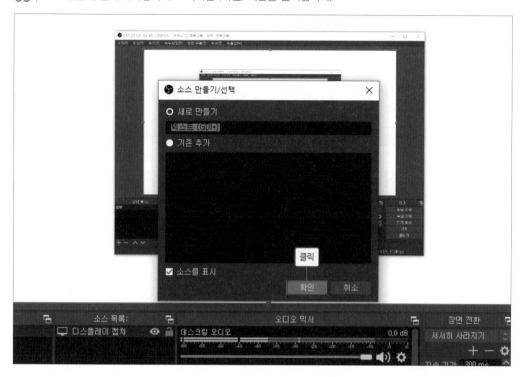

04 | '텍스트 (GDI +)' 속성 창이 표시되면 원하는 문자를 입력할 수 있습니다. 여기서는 '한국지리 3주차 기후'라고 입력합니다.

05 | (글꼴 선택) 버튼을 누르면 Pick a Font 대화상자가 표시됩니다. Font 패널에서 글꼴을 선택하고, Size에서 문자 크기를 지정할 수 있습니다. 예제에서는 폰트는 무료 폰트인 '배달의민족 도현체', 크기는 '256'으로 지정한 다음 (확인) 버튼을 클릭합니다.

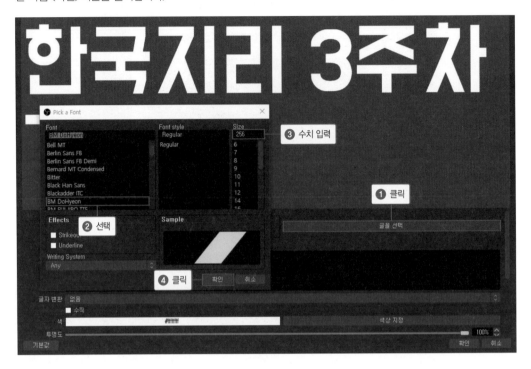

06 | (색) – (색상 지정) 버튼을 클릭하면 텍스트의 색상을 지정할 수 있는 색 대화상자가 표시됩니다. 직접 색을 선택하거나 하단의 HTML에 '#fff700'을 입력합니다. (확인) 버튼을 클릭하면 텍스트의 색상이 노란색으로 변경됩니다.

07 │ 〔배경 색상〕 – 〔색상 지정〕 버튼을 클릭하면 텍스트의 배경 색상을 지정할 수 있는 배경 색상 대화상자가 표시됩니다. 직접 색을 선택하거나 하단의 HTML에 '#ff5d00'을 입력하고 〔확인〕 버튼을 클릭합니다.

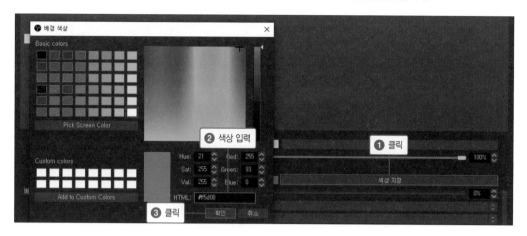

08 │ 배경 색상을 지정했음에도 아무 변화가 없습니다. '배경 색상' 하단의 배경 불투명도가 '0'이기 때문입니다. 불투명도 수치값을 '50%'로 입력합니다.

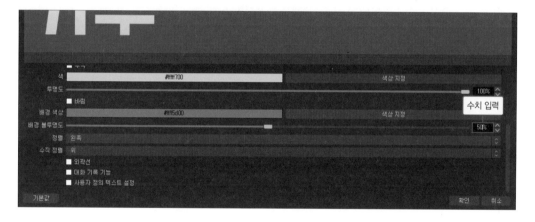

09 │ 텍스트에 외곽선을 추가하기 위해 '수직 정렬' 하단의 〔외곽선〕에 체크 표시합니다. 외곽선 옵션이 표시됩니다.

10 | (외곽선 색) – (색상 지정) 버튼을 클릭하면 외곽선의 색상을 지정할 수 있는 '외곽선 색' 창이 표시됩니다. 직접 색을 선택하거나 하단의 HTML에 '#000000'을 입력하고 (확인) 버튼을 클릭합니다. 검은색 외곽선이 표시됩니다.

11 | 외곽선 크기를 '10'으로 변경하면 검은 외곽선이 두꺼워진 것을 확인합니다. (확인) 버튼을 눌러서 텍스트 설정을 완성합니다.

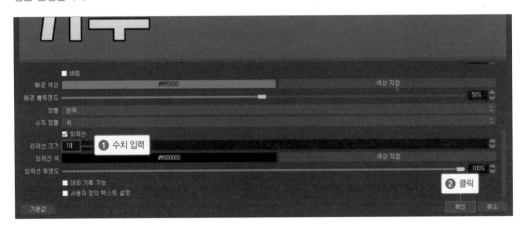

12 | OBS 스튜디오의 화면 위에 입력한 문자가 표시됩니다. 문자박스를 드래그하면 크기를 조정할 수 있습니다.

13 │ 문자박스 내부를 드래그하여 문자 위치를 조정합니다. 텍스트의 수정이 필요하면 소스 목록 패널의 텍스트 탭을 더블클릭하여 텍스트 설정 대화상자를 표시합니다.

14 │ 앞의 과정과 같은 방법으로 소스 목록 패널 하단의 추가 아이콘(➕)을 눌러 추가로 필요한 문자를 삽입합니다. 예제에서는 '공지사항' 문자를 추가하였습니다.

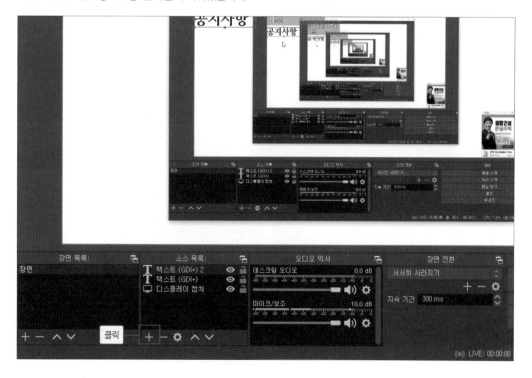

Section 08

강의 화면에 **이미지 삽입하기**

강의 화면에 직접 디자인한 이미지를 활용하면 수강자들에게 듣는 재미뿐만 아니라 보는 재미도 줄 수 있습니다. 이미지를 추가하는 방법에 대해 알아보겠습니다.

01 | OBS 스튜디오에 이미지를 추가하기 위해 소스 목록 패널 밑에 있는 추가 아이콘(✚)을 클릭합니다.

02 | 메뉴가 표시되면 화면 위에 이미지를 삽입하기 위해 (이미지)를 선택합니다.

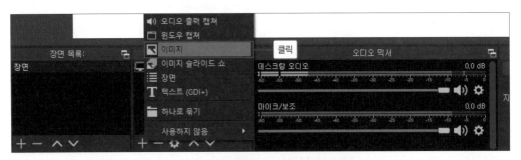

03 | 소스 만들기/선택 대화상자가 표시되면 (확인) 버튼을 클릭합니다.

04 | '이미지' 속성 대화상자가 표시되면 이미지를 삽입하기 위해 (찾아보기) 버튼을 클릭합니다.

05 | 04 폴더 → '지리 로고.png' 파일을 선택한 다음 (열기(O)) 버튼을 클릭합니다.

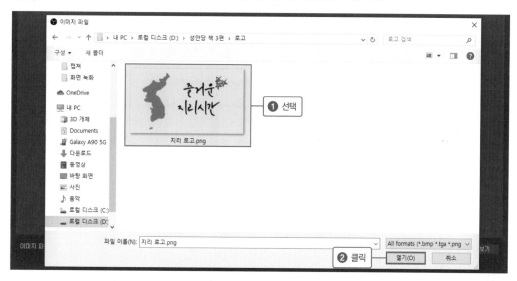

06 | '이미지' 속성 대화상자에 선택한 예제 파일이 표시됩니다. 해당 이미지를 삽입하기 위해 (확인) 버튼을 클릭합니다.

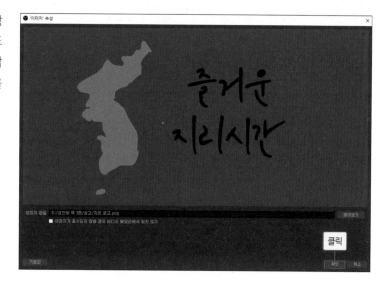

07 | 화면 위에 선택한 이미지가 표시됩니다. 그림박스를 드래그하여 그림 크기 조정이 가능하며, 이미지를 이동할 수도 있습니다.

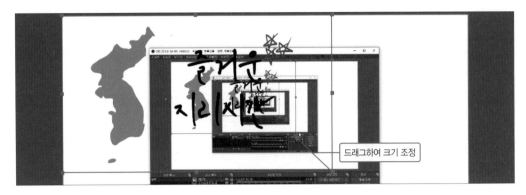

드래그하여 크기 조정

08 | 다음과 같이 이미지의 크기와 위치를 조정합니다. 수정이 필요하면 소스 목록 패널의 이미지 탭을 더블클릭하여 이미지 설정 대화상자를 표시한 다음 원하는 형태로 수정합니다.

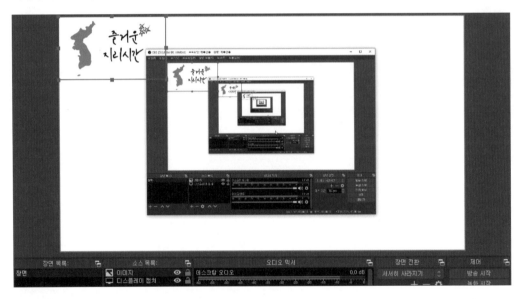

알아두기　투명한 이미지인 PNG와 JPG 파일

같은 이미지 파일이라도 형식에 따라 투명한 이미지와 투명하지 않은 이미지가 있습니다. PNG 파일과 JPG 파일이 대표적인 이미지 형식입니다. 주로 포토샵으로 작업할 때 PNG 파일로 저장을 하면 그림과 같이 배경을 투명한 상태로 저장할 수 있습니다. 이러한 형식은 OBS 스튜디오에서 사용해도 투명하게 표시됩니다. 반면에, JPG 파일은 투명하게 작업을 하고 저장을 해도 투명하게 표시되지 않습니다.

▶ 흰색 배경의 JPG 이미지 / 투명한 배경의 PNG 이미지

Section **09**

기본 오디오와 비디오 강의 화면으로 설정하기

화면 구성이 세팅되었다면 세부 설정을 통해 파일 저장 경로나 오디오 음질, 장비 확인 등을 할 수 있습니다. 최적의 강의 영상 설정 방법에 대해 알아보겠습니다.

01 | OBS 스튜디오에서 강의 화면 구성 세팅이 되었다면 (설정) 버튼을 클릭합니다.

02 | 다양한 메뉴와 함께 설정 대화상자가 표시됩니다. 여기에서 필요한 모든 설정을 제어할 수 있습니다.

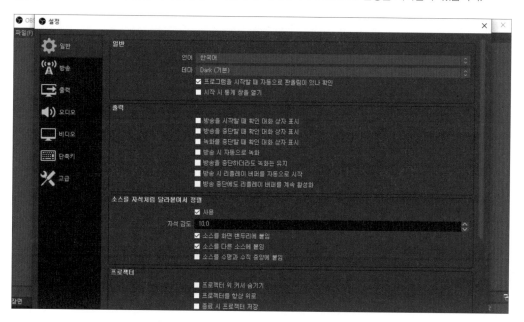

03 | 출력 패널을 클릭하면 녹화 파일의 형식과 품질 및 파일이 저장되는 경로를 설정할 수 있습니다. 출력 파일은 MP4나 MKV, MOV 형식을 많이 사용합니다.

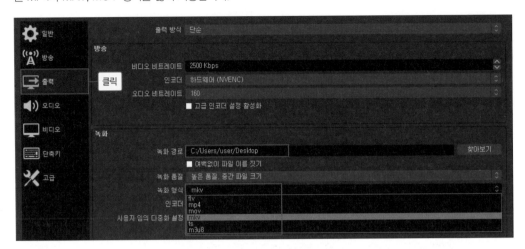

알아두기 MP4 형식

MP4 형식을 선택하면 다음과 같이 경고 메시지가 표시됩니다. 갑작스럽게 컴퓨터가 멈추거나 블루 스크린과 같은 오류가 발생하면 MP4 형태의 파일은 복구가 불가능합니다. 안정성을 추구한다면 MKV나 MOV로 녹화하기를 권장합니다.

> 경고: MP4로 녹화를 하면 파일이 마무리가 되지 않았을 때 (예를 들어, 컴퓨터가 급작스럽게 꺼지거나 블루 스크린 오류가 일어나는 경우) 복구할 수 없습니다. 여러 개의 오디오 트랙을 녹음하고 싶다면 MKV 확장자로 녹화 한 뒤 재다중화 작업을 통해 MP4/MOV로 변환하십시오. (파일 → 재다중화 녹화)

04 | 오디오 패널을 클릭하면 컴퓨터 소리와 마이크 소리 등을 설정할 수 있습니다. 장치를 제대로 연결했는데 소리가 나지 않는다면 여기에서 문제를 해결할 수 있습니다.

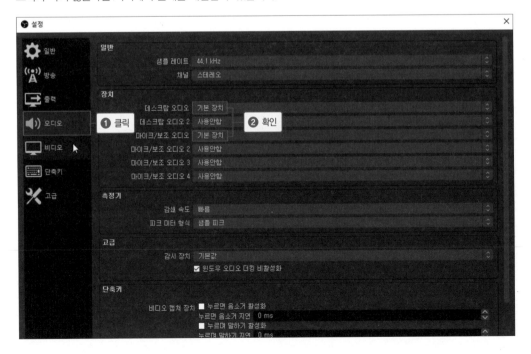

05 │ 비디오 패널을 클릭하면 녹화하는 영상에 대한 크기를 확인할 수 있습니다. 여기서는 FHD 화질(1920 x 1080)로 지정하였습니다.

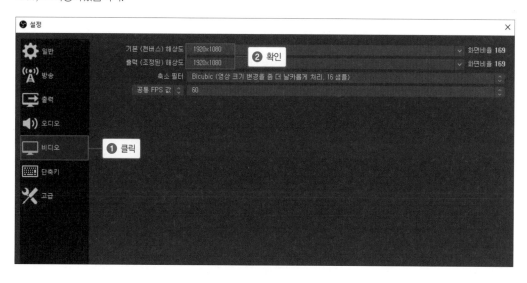

알아두기 기본적으로 요즘은 FHD 화질이 표준인 만큼 FHD 화질로 녹화하는 것을 권장합니다.

06 │ 단축키 패널을 클릭하면 방송에 관련된 다양한 설정을 본인의 단축키로 지정할 수 있습니다.

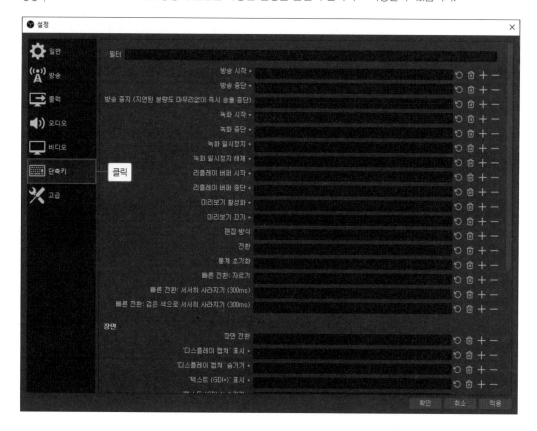

Section 10

강의 소리 잘 들리게 **마이크 소리 증폭시키기**

온라인 강의를 진행하는 과정에서 녹음되는 소리가 작아서 답답하게 느껴지는 경우가 있습니다. 편집 과정에서 소리를 키우는 방법도 있지만, 촬영 단계에서 소리를 키우는 방법에 대해 알아봅니다.

01 | 기본적으로 마이크를 가까이 대고 강의합니다. 마이크를 멀리할수록 강사분의 성량이 줄어들고 노이즈가 증가합니다.

02 | 마이크 소리를 증폭시키기 위해 오디오 믹서 패널의 톱니바퀴 아이콘(⚙)을 클릭한 후 (오디오 고급 설정 (A))를 클릭합니다.

03 | 오디오 고급 설정 대화상자가 표시되면 마스크/ 보조 옵션에서 '음량' 수치값을 높여 음량을 증폭시킵니다. 예제에서는 '5.0 DB'로 증폭시켰습니다.

 알아두기 너무 과도하게 음량을 조절하면 녹음되는 사운드가 찢어지거나 깨질 수 있으므로 적정량을 증폭합니다. 오 디오 믹서 패널의 그래프를 기준으로 녹음되는 사운드가 작은지 큰지 판단할 수 있습니다.

04 | 하단의 오디오 믹서 패널에서 소리의 음량을 점검할 수 있습니다. 그래프가 초록 부분의 끝에서 노란 부분 에 표시되면 소리가 표시되는 것이 적정한 음량입니다. 너무 작거나 너무 크면 음량을 다시 설정합니다.

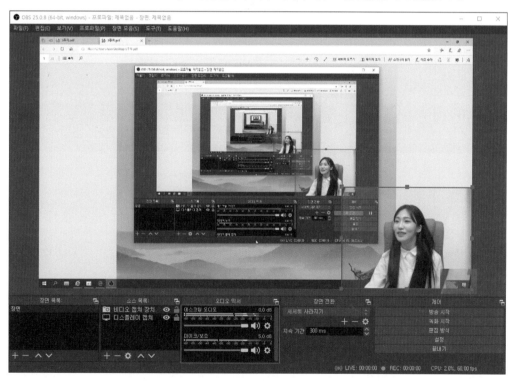

Section 11

모든 준비가 끝났다면, **강의 녹화 시작하기**

화면 구성 및 비디오와 오디오 설정이 완료되었다면 녹화를 진행합니다. 강의 편집을 하기 위해 서는 녹화는 필수입니다. 강의 영상 녹화를 시작하는 방법에 대해 알아보겠습니다.

01 │ 모든 설정이 끝났다면 화면을 표시하고 OBS 스튜디오의 화면과 오디오를 확인합니다. 확인이 끝났다면 [녹화 시작] 버튼을 클릭합니다.

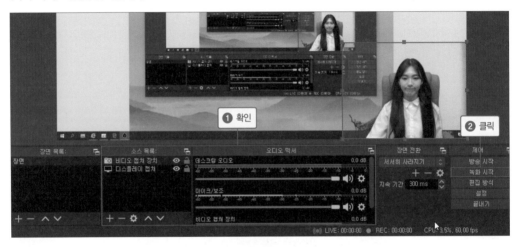

02 │ [녹화 시작] 버튼이 [녹화 중단] 버튼으로 변경되며 녹화가 진행됩니다. 원활한 강의 진행을 위해 OBS 스튜디오 프로그램 오른쪽 상단의 [최소화] 버튼을 클릭해 화면에 보이지 않도록 합니다.

03 | 그림과 같이 강의 화면만 녹화되는 것을 확인할 수 있습니다.

04 | 강의 녹화를 중단하기 위해 (녹화 중단) 버튼을 클릭해 녹화를 중단합니다. (녹화 시작) 버튼을 누르면 (녹화 중단) 버튼을 클릭하는 장면까지 녹화됩니다.

Section 12

녹화된 **강의 영상 확인하기**

녹화를 중단하였다면 강의 녹화 영상이 제대로 있는지 확인해야 합니다. 영상 녹화본을 확인하는
방법에 대해 알아보겠습니다.

01 | OBS 스튜디오의 설정 대화상자에서 출력 패널의 녹화 경로를 확인해 보면 저장 파일 위치를 확인할 수 있
습니다. 예제에서는 바탕화면에 저장되었습니다.

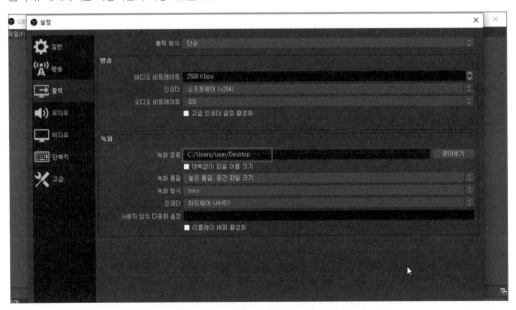

02 | 파일 이름이 녹화를 시작한 날짜와 시간으로 설정됩니다. 실행하여 영상을 확인합니다.

Section 13

저장된 영상을 **MP4 파일로 변환하기**

MKV 파일은 안정성 면에서 출력하기 좋은 형태입니다. 갑작스럽게 PC에 블루 스크린이나 심각한 오류가 발생해도 어느 정도 복구가 가능하지만 영상 편집을 위해서는 MP4로 변환해야 합니다.

01 | OBS 스튜디오를 실행한 다음 (파일(F)) – (재다중화 녹화(M))를 클릭합니다.

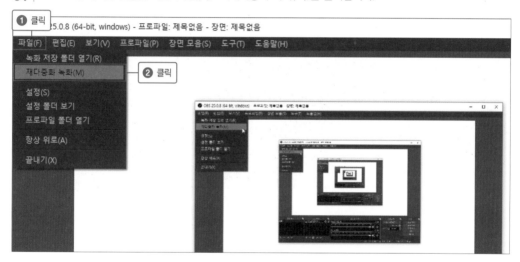

02 | 녹화본 재다중화 대화상자가 표시됩니다. 녹화본을 불러오기 위해 찾아보기 아이콘(···)을 클릭합니다.

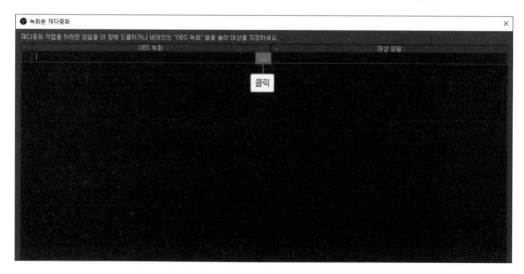

03 | 녹화본이 지정되는 경로에 들어가서 변환을 희망하는 MKV 파일들을 선택하고 (열기(O)) 버튼을 클릭합니다. 파일을 불러온 다음 (재다중화) 버튼을 클릭해 변환을 시작합니다.

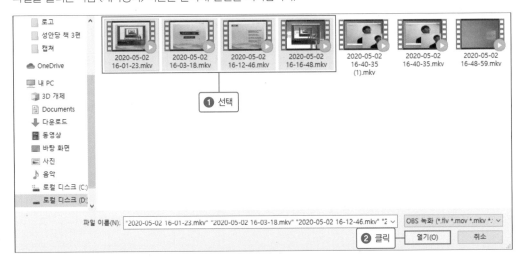

04 | 작업 완료 창과 함께 MKV에서 MP4 파일로 변환이 완료됩니다. 녹화본이 저장된 경로에 MKV 파일과 함께 MP4 파일도 같이 있는 것을 확인할 수 있습니다.

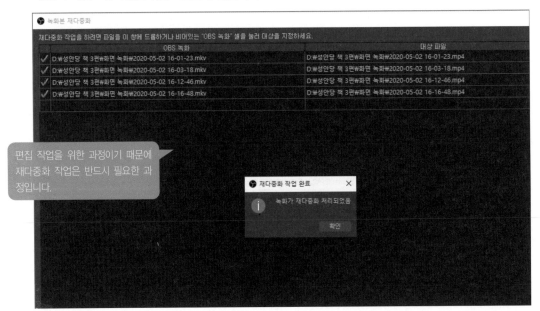

편집 작업을 위한 과정이기 때문에 재다중화 작업은 반드시 필요한 과정입니다.

강의를 진행하면 수업 이외에도 문서를 작성하거나 기타 업무를 봐야 하는 경우가 생길 수 있습니다. 두 개의 모니터로 강의를 진행하면 보조 모니터에 수업 이외의 프로그램을 위치시키고 사용하면 다중 작업을 효율적으로 진행할 수 있습니다.

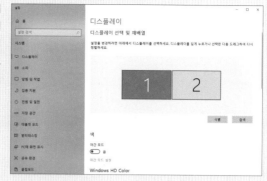

OBS 스튜디오를 사용할 때 생기는 문제들을 알아보고, 해결 방법을 알아보겠습니다.

❶ 소스 목록에는 표시되어 있지만 영상 화면이 보이지 않는 오류 해결하기

OBS 스튜디오의 소스 목록에 추가했으나 특정 소스가 보이지 않는 경우가 있습니다. 웹캠 화면이나 텍스트, 이미지 등이 여기에 속합니다. 대표적으로 비디오 캡처 장치(웹캠) 화면을 설정했음에도 화면만 나오고 보이지 않는 경우가 있습니다. 연결 문제가 아니라면 소스 목록 패널에서 소스의 순서를 확인합니다. OBS 스튜디오는 기본적으로 위에 있는 소스가 위에 배치되는 형태입니다. 디스플레이 캡쳐(화면)가 비디오 캡쳐 장치(웹캠)보다 위에 있지 않은지 점검합니다.

▲ OBS 스튜디오는 소스 목록의 순서대로 위쪽에 배치됩니다.

❷ 마이크는 연결되어 있지만 소리가 녹음되지 않는 오류 해결하기

마이크를 연결했음에도 소리가 녹음되지 않는 경우에는 OBS 스튜디오 기본 화면에서 (설정) 버튼을 누른 다음 오디오 패널에서 마이크/보조 오디오를 점검합니다. 일반적으로는 외부 마이크를 컴퓨터에 연결하면 기본 장치로 자동으로 전환됩니다. 그러나, 컴퓨터의 오류로 인해 연결한 마이크가 기본 장치로 전환이 되지 않는 오류가 발생할 수 있습니다. 해결 방법으로 수동으로 장치를 선택하면 마이크 소리가 녹음이 안 되는 오류를 해결할 수 있습니다.

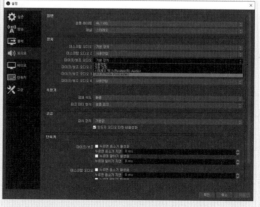

▲마이크/보조 오디오에서 마이크 제품을 수동으로 선택할 수 있습니다.

온라인 강의
무료로 편집하기

온라인 강의 촬영 후 강의 영상이 동영상으로 저장되었다면 불필요한 부분을 삭제하는 컷 편집 과정을 진행합니다. 오디오와 영상이 제대로 맞춰졌는지 싱크 확인을 한 다음 자막을 넣고, 필요에 따라 디자인 요소를 넣어 강의 영상을 완성합니다.

Part 5

Section **01**

무료 영상 편집 프로그램 활용하기

온라인 강의 촬영이 끝나면 보기 좋게 편집하고 괜찮은 화질로 영상을 출력해야 좋은 강의 영상이 완성됩니다. 하지만 대부분의 영상 편집 프로그램은 많은 사용 비용을 지불해야 합니다.

또한 강의 영상 특성상 강의 중간에 말을 더듬거나 잘못 말한 부분을 컷 편집하고 자막을 넣는 영상 편집에 프로그램 비용을 지불하기에는 부담스러울 수 있습니다.

블랙매직디자인 사의 다빈치 리졸브는 2가지 고민을 동시에 해결해 주는 '무료' 편집 프로그램입니다. 누구나 무료로 다운받고 프로그램에 조금만 익숙해지면 누구나 영상에서 필요 없는 부분을 잘라낼 수 있습니다. 비슷한 프로그램으로 곰믹스가 있지만, 곰믹스는 영상의 10분이 넘어가면 워터마크가 생성됩니다. 온라인 강의 영상은 10분이 넘는 긴 영상이기 때문에 강의 영상 제작 무료 툴에 있어서 다빈치 리졸브를 추천합니다.

▲ 다빈치 리졸브

다빈치 리졸브의 장점은 무료 영상 편집 프로그램으로, 유료 프로그램인 프리미어 프로나 파이널 컷 못지않게 영상 편집 작업을 할 수 있습니다. 8K 화질의 영상 편집이 가능하고, 4K(3840×2160), FHD(1920×1080) 등 고화질의 영상 출력이 가능합니다. 원하는 부분에 손쉽게 오디오 편집과 자막 입력이 가능하며, 지속적인 프로그램 업그레이드를 지원합니다.

프리미어 프로 등 영상 편집 프로그램이 고사양 PC를 요구하듯이 다빈치 리졸브도 32비트 운영체제는 지원하지 않으며, PC 사양이 적어도 16GB 램은 장착이 되어야 원활하게 영상 편집이 가능합니다.

▲ 다빈치 리졸브 프로그램 무료 홈페이지(www.blackmagicdesign.com)

Section 02

다빈치 리졸브 설치하기

영상 편집을 위한 다빈치 리졸브를 설치해 보겠습니다. 다빈치 리졸브는 유료 버전과 무료 버전으로 나뉘는데, 무료 버전만으로도 충분히 컷 편집과 다양한 효과를 적용할 수 있습니다. 여기서는 무료 버전의 설치에 대해 알아보겠습니다.

01 | 구글에서 '다빈치 리졸브'를 검색합니다. 검색 결과에서 상단의 표시된 다빈치 리졸브 링크를 클릭합니다.

02 | 다빈치 리졸브(www.blackmagicdesign.com/kr/products/davinciresolve/) 사이트에 접속됩니다. 무료로 다운로드하기 위해 (다운로드) 버튼을 클릭합니다.

03 | 설치하려는 컴퓨터의 운영체제를 선택합니다. PC이고 운영체제가 윈도우면 (Windows)를 누르고 애플 맥이고 운영체제가 OS X이면 (Mac OS X)를 클릭합니다.

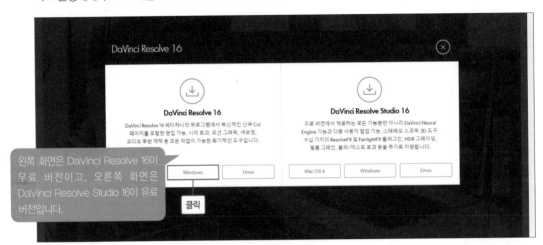

04 | 본인의 정보를 입력하고 (등록 & 다운로드하기) 버튼을 클릭합니다. * 표시된 항목은 필수로 입력해야 하는 항목입니다.

05 | '개인정보보호정책'을 확인하면 자동으로 프로그램 다운로드가 시작됩니다.

06 | 파일의 압축을 풀고 첨부된 파일을 실행합니다. DaVinci Resolve Installer 대화상자가 실행되면 (Install) 버튼을 클릭합니다.

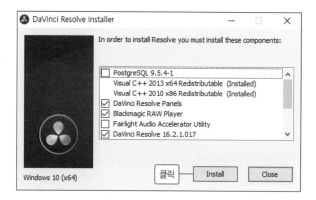

07 | 새로 실행 대화상자가 표시됩니다. (Next) 버튼을 클릭합니다.

08 | 제품 라이선스 동의에 관한 내용을 체크한 다음 (Next) 버튼을 클릭합니다.

09 | 설치 파일에 대한 경로 지정하는 대화상자가 나옵니다. 기본값을 적용하기 위해 (Next) 버튼을 클릭합니다.

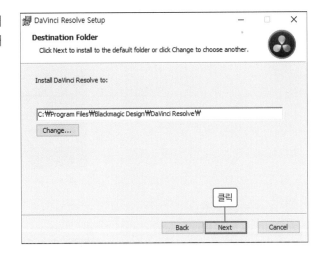

10 | (Install) 버튼을 클릭하면 설치가 시작됩니다. 컴퓨터 사양에 따라 설치 시간에 차이가 있습니다.

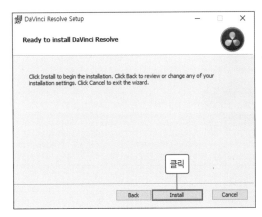 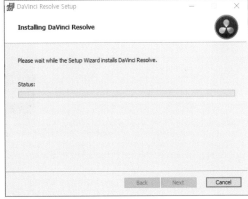

11 | 설치가 완료되면 (Finish) 버튼을 클릭합니다. 다빈치 리졸브 프로그램의 설치가 완료되었습니다.

다빈치 리졸브 이외에 쓰기 좋은 편집 프로그램들을 간단하게 살펴보겠습니다.

❶ 곰믹스 프로(영구 소장 5만 5,000원)

곰믹스 프로는 10분 이상의 긴 영상을 만들어야 하는 상황에서 고려해 보면 좋은 편집 툴입니다. 다양한 영상 효과를 낼 수 있고, 초보자도 쉽게 접근할 수 있을 정도로 직관적인 화면 배치와 효과 적용이 가능해 사랑받고 있는 영상 편집 프로그램입니다. 다른 프로그램에 비해 상대적으로 저사양 컴퓨터에서도 원활하게 프로그램을 실행할 수 있다는 것이 큰 특징입니다.

❷ 프리미어 프로(1년 기준 20만 원)

프리미어 프로는 세계적으로 많은 편집자와 유튜버들이 채택하고 있는 편집 툴입니다. 컷 편집에 특화되었으며, 내장된 효과와 자막 도구를 활용해 단순 컷 편집 이외에도 디자인적으로 재밌는 영상을 만들 수 있습니다. 프리미어 프로는 가장 대중적이고 가장 정보가 많은 프로그램으로 추가로 정보 찾기가 유용하고 업데이트를 통해 꾸준히 신기능을 경험할 수 있습니다.

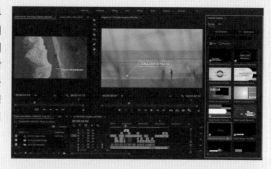

❸ 파이널 컷(영구 소장 약 37만 원)

파이널 컷은 컴퓨터의 운영 체제가 윈도우 사용자가 아닌 맥 OS를 사용하는 사람들을 위한 편집 툴입니다. 파이널 컷의 가장 큰 장점은 프로그램이 가볍다는 것입니다. 무거운 영상을 편집할 때도 버벅이거나 끊기는 상황없이 깔끔하게 편집을 할 수 있다는 점입니다. 이러한 이유로 실제 방송국에서 컷 편집을 위한 용도로 채택하고 있습니다.

Section 03

영상 편집을 위한 **다빈치 리졸브 살펴보기**

영상 편집 프로그램인 다빈치 리졸브를 실행하여 다양한 영상 편집 작업을 실행할 수 있습니다. 다빈치 리졸브는 소스 분류, 편집, 색 보정, 오디오, 랜더링의 각각의 과정마다 탭으로 구성되어 있습니다.

영상 소스를 분류하고 관리하는 미디어(Media) 탭( )

❶ **로케이션 패널** : PC의 드라이브가 표시됩니다. 로케이션을 통해 소스들을 다빈치 리졸브에 불러올 수 있습니다.

❷ **모니터 패널** : 영상의 화면이 표시됩니다. 영상 소스들을 확인할 수 있습니다. 간단하게 컷 편집도 진행할 수 있습니다.

❸ **미디어 풀 패널** : 영상 소스들을 PC에서 가져오면 여기에 정돈되어 표시됩니다.

❹ **오디오 표시 패널** : 영상 소스들의 오디오가 표시됩니다.

❺ **메타데이터 패널** : 영상 소스의 정보가 표시됩니다.

빠른 컷 편집을 위한 컷(Cut) 탭( )

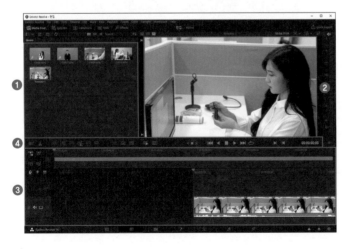

❶ **소스 패널** : 영상을 불러오면 소스 패널에 표시가 됩니다. Media 탭과 연동됩니다.

❷ **모니터 패널** : 영상의 화면이 표시됩니다. 타임라인에서 영상 편집을 작업하면 결과물이 표시됩니다.

❸ **타임라인 패널** : 소스를 타임라인에 올려 편집을 진행할 수 있는 곳입니다. 영상 소스를 배치하고 자를 수 있습니다.

❹ **도구 패널** : Cut 탭에서 도움이 되는 도구들이 있는 패널입니다.

영상 편집 작업 영역인 에디트(Edit) 탭(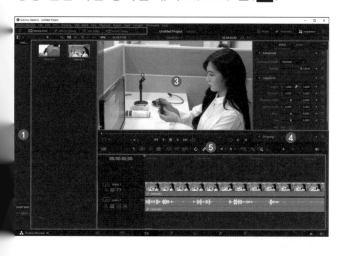)

❶ **소스 패널** : 영상을 불러오면 소스 패널에 표시가 됩니다. Media 탭과 연동됩니다.

❷ **도구 패널** : 효과, 오디오 라이브러리 등 편집에 도움이 되는 도구들이 있는 패널입니다.

❸ **타임라인 모니터 패널** : 실질적으로 편집을 하는 영상의 화면이 표시됩니다. 타임라인에서 영상 편집을 작업하면 결과물이 표시됩니다.

❹ **타임라인 패널** : 소스를 타임라인에 올려 편집을 진행할 수 있는 곳입니다. 영상 소스를 배치하고 자를 수 있습니다.

❺ **효과 설정 패널** : 기본적으로 소스의 위치, 크기, 자막의 스타일 등을 설정할 수 있으며, 도구 패널에 있는 'Effect Library'를 통해 효과를 불러오고 소스에 적용하면 이 패널에서 세부적으로 효과의 정도를 설정할 수 있습니다.

(★상단에 있는 효과 설정 패널 활성화 아이콘 (Inspector)을 반드시 켜주세요!)

영상 색 보정을 위한 컬러(Color) 탭()

❶ **컬러 모니터 패널** : 색 보정을 진행하면 여기에 결과물이 반영되서 표시됩니다.

❷ **노드 패널** : 노드 방식을 통해 색 보정 효과를 적용할 수 있는 곳입니다. 다빈치 리졸브는 '노드'라는 방식을 통해 이루어지기 때문에 노드 방식으로 효과를 적용하게 됩니다.

❸ **색 보정 패널** : Color 탭에서 도움이 되는 도구들이 있는 패널입니다. 주로 색 보정과 관련된 도구들입니다. 원하는 수치를 입력하여 색 보정을 진행할 수 있습니다.

❹ **스코프 패널** : 영상 소스의 색 정보가 표시되는 곳입니다. 색 보정을 할 때 여기를 참고하면 많은 도움이 됩니다.

영상 편집 작업 후 출력을 위한 딜리버(Deliver) 탭( )

① **랜더 세팅 패널** : 영상을 출력할 때 플랫폼에 맞게 혹은 본인의 취향에 맞게 다양한 영상 출력을 설정할 수 있는 패널입니다. 비디오, 오디오, 파일 경로 등을 지정할 수 있습니다.

② **모니터 패널** : 편집이 완료된 후 영상을 확인할 수 있는 모니터 화면입니다.

③ **랜더 목록 패널** : 랜더 세팅 패널에서 영상을 설정한 후 (Add to Render Queue) 버튼을 누르면 랜더 목록 패널에 표시됩니다. 최종 영상 출력을 담당하는 곳입니다.

④ **타임라인 패널** : 시간 표시자를 넘기면서 영상을 확인할 수 있는 패널입니다. 타임라인 패널의 영상이 모니터 패널에 대응하여 표시됩니다.

오디오 편집을 위한 페어라이트(Fairlight) 탭( )

① **오디오 표시 패널** : 오디오가 표시되는 패널입니다. 음성의 볼륨에 따라 다양한 소리 영역이 표시됩니다.

② **모니터 패널** : 음성에 맞는 영상 화면이 작게 표시됩니다. 해당 오디오가 어느 장면의 오디오인지 바로바로 확인할 수 있습니다.

③ **타임라인 패널** : 음성 데이터가 그래프로 표시되는 곳입니다. 실질적으로 편집을 할 수 있는 공간입니다.

④ **믹서 패널** : 오디오에 다양한 효과를 넣을 수 있습니다. 단순하게 음향 볼륨을 높이는 것을 넘어서 이퀄라이저 설정을 통해 저음 및 고음의 설정을 할 수 있습니다.

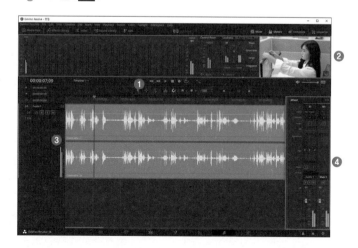

Section 04

영상 편집의 시작, **프로젝트 만들기**

다빈치 리졸브를 실행하고 새 프로젝트를 만드는 것이 영상 편집의 시작입니다. 다빈치 리졸브로 새 프로젝트를 만들고 편집을 하기 위한 준비를 해 보겠습니다.

01 | 다빈치 리졸브를 실행한 다음 프로젝트를 만들기 위해 (New Project) 버튼을 클릭합니다.

02 | Create New Project 대화상자가 표시되면 프로젝트의 이름을 '편집'이라고 입력한 다음 (Create) 버튼을 클릭합니다.

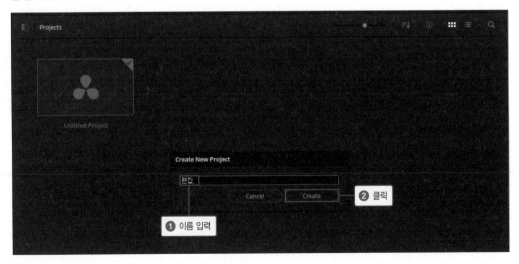

03 | 프로젝트 파일이 만들어집니다. 빠른 컷 편집을 위한 Cut 탭 화면이 표시됩니다.

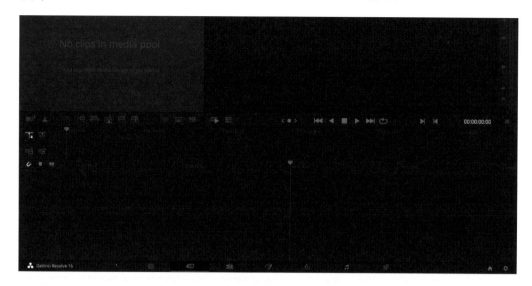

단축키를 프리미어 프로처럼! 단축키 변경하기

다빈치 리졸브는 프리미어 프로의 단축키로 변경하여 빠른 작업 환경을 만들 수 있습니다. 단축키를 변경하는 방법에 대해 알아보겠습니다.

❶ 상단 메뉴에서 (DaVinci Resolve) − (Keyboard Customization...)을 클릭합니다.

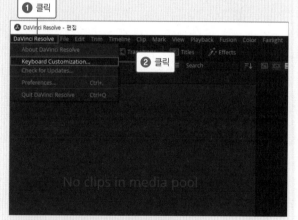

❷ Keyboard Customization 대화상자가 표시됩니다. 오른쪽 상단에 있는 (DaVinci Resolve) 버튼을 클릭합니다. (Adobe Premiere Pro)로 설정을 바꾸고 (Save) 버튼을 클릭합니다. 이제 프리미어 프로의 단축키를 다빈치 리졸브에서 사용이 가능합니다.

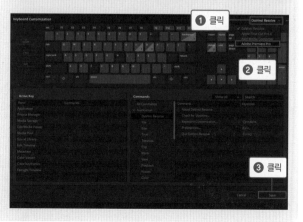

Section 05

강의 영상 **소스 불러오기**

영상 컷 편집에 들어가기 위해서는 먼저 PC에 저장된 강의 영상 소스들을 다빈치 리졸브에 불러와야 합니다. 이 과정을 '불러오기(Import)'라고 합니다.

01 │ 다빈치 리졸브를 실행한 다음 새 프로젝트를 만들면 시작 화면이 Cut 탭으로 표시됩니다. 하단에 있는 Media 탭을 눌러 Media 화면으로 이동합니다(새 프로젝트 만드는 방법은 192쪽 참조).

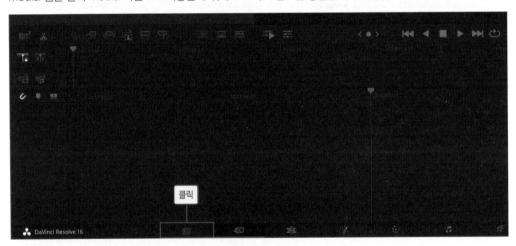

02 │ Media 화면이 표시되면 로케이션 패널에 PC 드라이브들이 표시됩니다. 로케이션 패널을 통해서 영상 소스들을 불러올 수 있습니다.

03 | 강의 영상 파일이 저장된 폴더 경로로 이동하기 위해 펼쳐보기 아이콘(▶)을 눌러 하위 폴더 안으로 이동합니다. PC에 저장된 영상 소스들이 표시됩니다.

04 | 해당 경로에 있는 영상 소스들이 썸네일 형태로 표시됩니다. 로케이션 패널에 있는 영상 파일을 다빈치 리졸브에 불러오겠습니다. '고전역학 칠판 강의.mp4' 파일을 미디어 풀 패널에 드래그합니다. Project settings 관련 대화상자가 표시되면 (Change) 버튼을 클릭합니다.

05 | 선택한 영상 소스가 미디어 풀 패널에 추가된 것을 확인합니다. 추가로 다른 영상 소스들도 같은 방법으로 드래그하여 미디어 풀 패널에 추가합니다. 한 번에 여러 개의 소스 파일을 선택하여 불러오는 것도 가능합니다.

06 | 다빈치 리졸브 하단의 Cut 탭을 눌러 Cut 화면으로 이동합니다. Cut 화면에서 컷 편집을 진행할 수 있게 Media 화면에서 파일을 선별하고 미디어 풀 패널로 사용할 파일을 분류하는 것입니다.

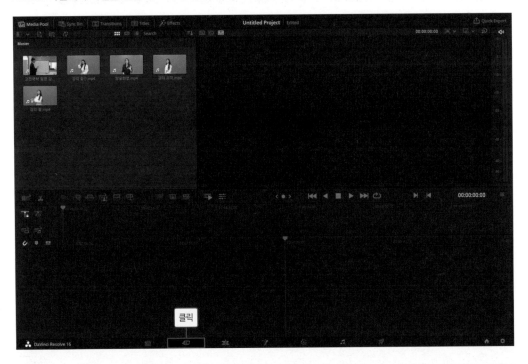

알아두기 **Media 화면**

Media 화면은 컴퓨터에 있는 파일을 다빈치 리졸브로 가져오고 편집을 할 수 있게 하는 다리 역할을 합니다. Media 화면의 로케이션 패널에서 미디어 풀 패널로 영상을 선별하는 것이 다빈치 리졸브에 영상을 불러오기(Import)를 하는 과정입니다.

Section 06

강의 영상 목록을 **다양한 형태로 확인하기**

Media 화면의 로케이션 패널의 동영상을 불러올 때, 다양한 형태로 강의 영상 소스의 목록을 확인할 수 있습니다. 썸네일형과 목록형으로 영상 소스를 확인하는 방법에 대해 알아보겠습니다.

01 | 다빈치 리졸브를 실행한 다음 Media 탭을 눌러 Media 화면으로 이동합니다. 로케이션 패널에서 예제 파일을 제공하는 05 폴더를 엽니다.

02 | 로케이션 패널 상단에 정렬 아이콘(🔽)을 클릭합니다. [File Name]을 선택합니다. 파일 이름이 글자 순으로 나열된 것을 알 수 있습니다. 다시 정렬 아이콘(🔽)을 클릭한 다음 [Descending]을 선택합니다.

03 | 파일 이름이 역순으로 정렬된 것을 알 수 있습니다. 이번에는 목록형으로 파일들을 살펴보겠습니다. 로케이션 패널에 있는 목록 아이콘(▤)을 클릭합니다.

04 | 로케이션 패널이 영상의 장면이 보이는 썸네일 형태에서 목록형으로 변경되었습니다. 폴더에 파일 수가 많은 경우, 목록형으로 보면 도움이 됩니다. 다시 썸네일 형태로 보기 위해 로케이션 패널 상단의 썸네일 아이콘 (▦)을 클릭합니다.

05 │ 썸네일 형태로 패널의 형태가 다시 바뀌었습니다. 썸네일의 크기를 조절할 수 있습니다. 로케이션 패널에 있는 휠(⬤)을 왼쪽으로 드래그하면 썸네일의 크기를 축소, 오른쪽으로 드래그하면 썸네일의 크기를 확대할 수 있습니다. 왼쪽으로 드래그합니다.

06 │ 썸네일 형태에서도 어느 정도 많은 양의 영상 소스를 확인할 수 있습니다. 기호에 맞게 보기 편한 방식을 채택하여 사용하도록 합니다.

Section 07

자르고 붙이고! **강의 시작 부분 자르고 편집하기**

Media 화면에서 미디어 풀 패널로 영상을 선별하고 작업이 끝났다면, 본격적으로 Cut 화면에서 영상을 편집할 차례입니다. 강의 시작 부분의 영상에서 앞부분의 필요 없는 장면을 잘라보겠습니다.

◉ **예제 파일** 05\강의 시작.mp4 ◉ **완성 파일** 05\강의 시작완성.mp4

01 | 다빈치 리졸브를 실행합니다. 새 프로젝트를 만들고 Media 탭에서 05 폴더 → '강의 시작.mp4'를 미디어 풀 패널에 드래그합니다. 미디어 풀 패널에 소스를 옮긴 다음 하단의 Cut 탭을 클릭합니다(새 프로젝트 만드는 방법은 192쪽 참조).

02 | Cut 화면이 표시되며, 소스 패널에 영상 파일이 표시됩니다. '강의 시작.mp4' 파일을 타임라인 패널로 드래그합니다.

03 | 영상이 타임라인 패널에 배치가 됩니다. 동시에 소스 패널에 'Timeline 1'이 추가됩니다.

Cut 화면은 빠른 편집에 특화된 탭입니다. 온라인 강의의 특성상 필요 없는 부분을 자르고 연결하는 것이 주된 작업이기 때문에 실질적으로 Cut 화면의 타임라인 패널에서 컷 편집을 완료할 수 있습니다. Edit 화면에서도 동일한 작업을 수행할 수 있습니다.

04 | 타임라인 상단의 타임코드(T/C)를 보면 01:00:00:00으로 표시되어 있습니다. 시작 지점의 타임코드를 00:00:00:00으로 변경시키기 위해 하단의 Media 탭을 클릭합니다.

05 | 미디어 풀 패널에 'Timeline 1'를 마우스 오른쪽 버튼을 클릭하여 표시되는 메뉴에서 (Timelines) – (Starting Timecode...)를 클릭합니다.

06 | Set New Start Timecode 대화상자가 표시됩니다. '00:00:00:00'을 입력한 후 (OK) 버튼을 클릭합니다.

타임코드(T/C)는 컷 편집의 결과물에 아무런 영향을 주지 않습니다. 다만, 긴 영상을 편집하는 과정에서 혼동을 줄 여지가 있기에 타임코드(T/C)의 시작 값을 바꾸는 것을 권장합니다.

07 | 다시 Cut 탭을 눌러 이동합니다. 타임코드의 단위가 수정된 것을 확인합니다.

08 | Page up 을 눌러 영상의 맨 처음으로 이동합니다.

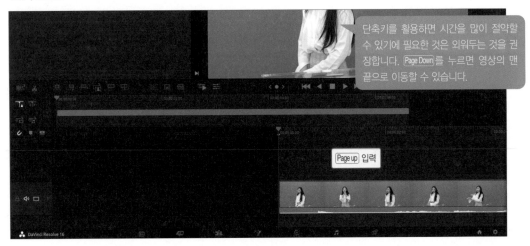

단축키를 활용하면 시간을 많이 절약할 수 있기에 필요한 것은 외워두는 것을 권 장합니다. Page Down 를 누르면 영상의 맨 끝으로 이동할 수 있습니다.

09 | Spacebar를 누르면 영상이 처음부터 재생됩니다. 시간표시자가 이동하면서 영상이 재생됩니다. 영상을 재생할 때는 Spacebar를 누르면 됩니다. 재생한 영상을 멈출 때에도 Spacebar를 누르면 됩니다.

10 | 01:24초 부분에서 강의가 시작되므로, 시간표시자를 드래그하여 01:24초 위치로 이동합니다. 세부적으로 시간표시자를 옮겨야 할 때는 시간표시자를 드래그하여 세밀하게 옮길 수 있습니다.

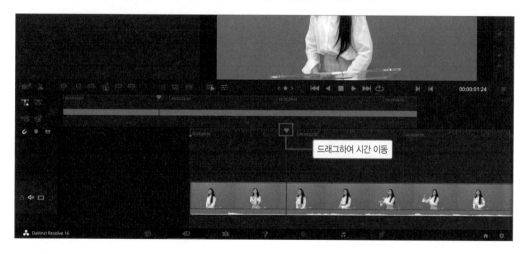

11 | 01:24초 부분에서 이전 장면은 필요가 없는 장면입니다. 편집을 위해 자르기 아이콘(✂)을 클릭합니다. 잘려진 영상을 확인할 수 있습니다.

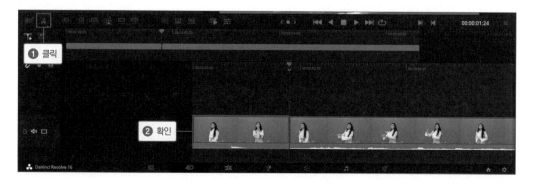

12 | 01:24초를 기준으로 앞에 시작하는 부분은 실질적으로 필요가 없습니다. 필요 없는 장면을 지우기 위해 타임라인 패널의 01:24초 앞 장면을 선택합니다. 선택된 장면은 주황색으로 표시됩니다.

13 | Delete 를 누릅니다. 01:24초 이전의 필요 없는 장면이 지워지면서 자동으로 영상의 빈 부분이 채워지는 것을 확인합니다.

Section 08

강의 **중간 영상을 자르고 편집하기**

강의를 진행하는 과정에서 강사가 말실수하거나 발음이 꼬이는 등 다양한 상황이 발생할 수 있습니다. 이러한 요인들은 강의에 불필요한 요소이므로, 영상 프로그램에서 컷 편집을 하는 과정이 필요합니다. 강의 중간 부분을 자르고 편집하는 방법에 대해 알아보겠습니다.

◉ 예제 파일 05\강의 중간.mp4   ◉ 완성 파일 05\강의 중간완성.mp4

01 │ 다빈치 리졸브를 실행합니다. 새 프로젝트를 만들고 Media 탭에서 05 폴더 → '강의 중간.mp4'를 미디어 풀 패널에 드래그합니다. 미디어 풀 패널에 소스를 옮긴 다음 하단의 Cut 탭을 클릭합니다.

02 | Cut 화면이 표시되며, 소스 패널에 영상 파일이 표시됩니다. '강의 중간.mp4' 파일을 타임라인 패널로 드래그하여 영상을 위치시킵니다(타임코드의 수정이나 타임라인 패널에 위치하는 방법은 Part 05의 Section 07을 참고하세요).

03 | 시간표시자를 드래그하여 02:08초 부분으로 이동합니다.

04 | 편집을 위해 자르기 아이콘()을 클릭합니다. 잘려진 영상을 확인할 수 있습니다.

05 | 시간표시자를 드래그하여 06:02초 부분으로 이동합니다. 이 부분 이후에도 '특히 남해안 일대...' 라는 멘트가 반복되기 때문에 02:08초~06:02초의 영상은 불필요합니다.

06 | 편집을 위해 자르기 아이콘(✂)을 클릭합니다. 잘려진 영상을 확인할 수 있습니다.

07 | 02:08초~06:02초의 장면은 불필요한 장면이기에 지우겠습니다. 타임라인 패널에서 해당 부분을 선택합니다. 선택된 장면은 주황색으로 표시됩니다.

08 | Delete를 누릅니다. 02:08초~06:02초 구간의 필요 없는 장면이 지워지면서 자동으로 영상이 이어지는 것을 확인합니다.

Section 09

Edit 화면에서 **강의 끝부분 자르고 편집하기**

강사가 강의를 마무리하더라도, 바로 영상이 강사에 맞춰서 끝나는 것이 아니라 카메라를 종료해야 영상이 끝납니다. 강의의 끝부분부터 카메라가 종료되기까지는 불필요한 장면입니다. 강의 끝부분을 Cut 화면이 아닌 Edit 화면에서 편집해 보겠습니다.

◉ 예제 파일 05\강의 끝.mp4　　　　◉ 완성 파일 05\강의 끝완성.mp4

01 | 다빈치 리졸브를 실행합니다. 새 프로젝트를 만들고 Media 탭에서 05 폴더 → '강의 끝.mp4'를 미디어 풀 패널에 드래그합니다. 미디어 풀 패널에 소스를 옮긴 다음 하단의 Edit 탭을 클릭합니다.

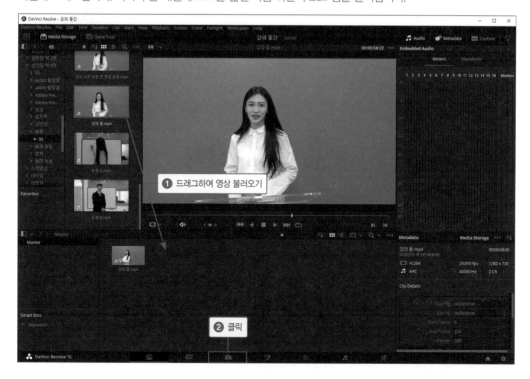

02 │ Edit 화면이 표시되며, 소스 패널에 영상 파일이 표시됩니다. '강의 끝.mp4' 파일을 타임라인 패널로 드래 그하여 영상을 위치시킵니다.

Edit 화면에서는 반드시 효과 설정 패널 활성화 아 이콘(Inspector)이 활성화 되어 있는지 확인하기 바 랍니다. 효과 적용과 관련 해 필요한 설정입니다.

03 │ Cut 화면과 마찬가지로 타임라인 상단의 타임코드(T/C)를 보면 01:00:00:00으로 표시되어 있습니다.

04 │ Edit 화면에서는 바로 타임코드를 수정할 수 있습니다. 소스 패널의 'Timeline 1'을 마우스 오른쪽 버튼을 클릭하여 표시되는 메뉴에서 (Timelines) – (Starting Timecode...)를 클릭합니다.

05 | Set New Start Timecode 대화상자가 표시됩니다. '00:00:00:00'을 입력한 후 (OK) 버튼을 클릭합니다.

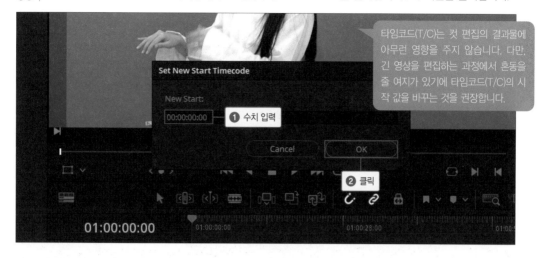

06 | 타임라인 패널 상단에 있는 타임라인 크기 표시 휠(●)을 좌우로 드래그하여 타임라인 패널의 클립을 확대/축소할 수 있습니다. − 방향으로 드래그하면 축소, + 방향으로 드래그하면 확대입니다. + 방향으로 드래그하여 타임라인을 확대합니다.

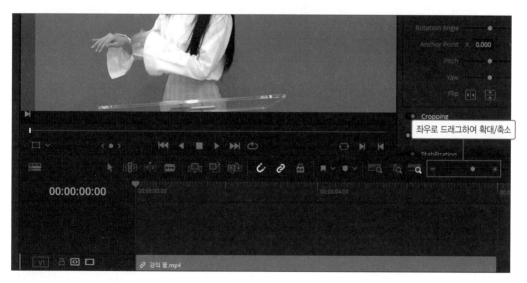

알아두기 | 타임라인 패널 확대/축소

시각적으로 편리한 적당량의 확대/축소 범위가 있습니다. 기호에 맞게 조절하면 보기 좋게 클립을 확대 및 축소할 수 있습니다.

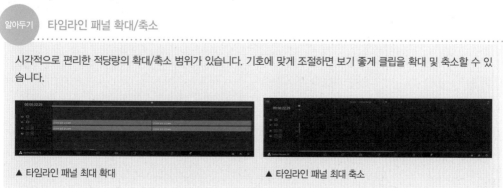

▲ 타임라인 패널 최대 확대   ▲ 타임라인 패널 최대 축소

07 | 시간표시자를 드래그하여 05:13초 부분으로 이동합니다. 이 부분 이후부터는 카메라를 종료하는 장면이기에 강의에 불필요한 장면입니다.

08 | 다빈치 리졸브에서는 영상을 자르는 단축키가 존재합니다. [Ctrl]+[B]를 누릅니다. 영상이 잘린 것을 확인합니다.

09 | 05:13초 이후의 장면은 불필요한 장면이기에 지우겠습니다. 타임라인 패널에서 해당 부분을 선택합니다. 선택된 장면은 주황색으로 표시됩니다.

10 | Delete를 누릅니다. 05:13초 이후의 필요 없는 장면이 지워집니다.

알아두기   Cut 화면과 Edit 화면의 차이

Cut 화면과 Edit 화면은 기본적으로 비슷한 기능이지만 용도의 차이가 있습니다. 두 개를 잘 활용하면 상황에 맞게 편집을 진행할 수 있습니다.

❶ **Cut 화면** : 빠른 편집, 실시간으로 영상을 재생하면서 컷 편집하는 것에 특화되어 있습니다.
❷ **Edit 화면** : 긴 영상을 편집하고 자막을 얹거나 구간을 수정할 때나 일반적인 영상을 편집할 때 이용합니다.

Section 10

Cut 화면에서
두 개의 영상 클립을 붙이기

장시간 촬영한 영상을 잘라서 1개의 영상으로만 편집 작업을 하는 때도 있지만, 다른 영상을 붙인다던가, 카메라를 끊어서 촬영하여 촬영본 여러 개를 하나로 연결해야 하는 상황도 발생할 수 있습니다. 빠른 편집을 요하는 Cut 화면에서 두 개의 영상 클립을 붙이는 방법에 대해 알아봅니다.

◉ 예제 파일 05\A 영상.mp4, B 영상.mp4 ◉ 완성 파일 05\A+B 영상.mp4

01 │ 다빈치 리졸브를 실행합니다. 새 프로젝트를 만들고 Media 탭에서 05 폴더 → 'A 영상.mp4'와 'B 영상.mp4'를 미디어 풀 패널에 드래그합니다. 미디어 풀 패널에 소스를 옮긴 다음 하단의 Cut 탭을 클릭합니다.

02 | Cut 화면이 표시되며, 소스 패널에 영상 파일이 표시됩니다. 'A 영상.mp4' 파일을 타임라인 패널로 드래그하여 영상을 위치시킵니다.

03 | 소스 패널의 'B 영상.mp4'를 선택한 후, 타임라인 패널 위에 있는 덧붙임 아이콘(■)을 클릭합니다. 'A 영상.mp4' 뒤쪽에 'B 영상.mp4'가 붙은 것을 확인합니다.

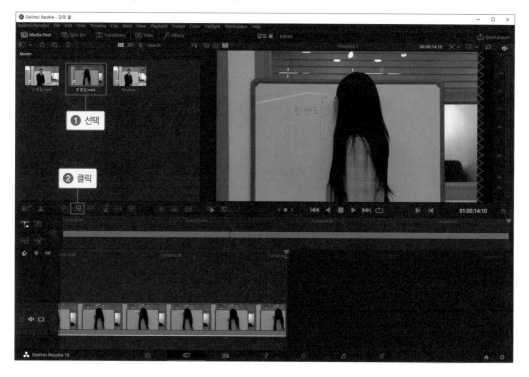

Section 11

Edit 화면에서
두 개의 영상 클립을 붙이기

Edit 화면에서도 여러 개의 영상으로 작업을 할 수 있습니다. 2개의 파일을 한 영상으로 만드는 방법을 알아보겠습니다.

● 예제 파일 05\A 영상.mp4, B 영상.mp4 ● 완성 파일 05\A+B 영상.mp4

01 │ 다빈치 리졸브를 실행합니다. 새 프로젝트를 만들고 Media 탭에서 05 폴더 → 'A 영상.mp4'와 'B 영상.mp4'를 미디어 풀 패널에 드래그합니다. 미디어 풀 패널에 소스를 옮긴 다음 하단의 Edit 탭을 클릭합니다.

02 | Edit 화면이 표시되며, 소스 패널에 영상 파일이 표시됩니다. 'A 영상.mp4' 파일을 타임라인 패널로 드래그하여 영상을 위치시킵니다.

03 | 'A 영상.mp4'가 타임라인 패널에 위치합니다. 이어서 'B 영상.mp4' 파일을 'A 영상.mp4' 파일의 뒷부분에 오도록 타임라인 패널로 드래그하여 영상을 위치시킵니다.

Section 12

2개의 트랙을 이용하여 **로고 삽입하기**

다빈치 리졸브는 무료로 제공하는 영상 편집 툴임에도 여러 개의 트랙을 활용하여 한 영상 장면 위에 또 다른 영상이나 이미지, 글씨 등을 무한정 넣을 수 있습니다. 여기서는 영상 트랙 2개를 활용하여 강의 영상 위에 로고를 삽입하는 방법에 대해 알아보겠습니다.

● 예제 파일 05\방송화법.mp4, 방송화법 로고.png ● 완성 파일 05\방송화법완성.mp4

01 │ 다빈치 리졸브를 실행합니다. 새 프로젝트를 만들고 Media 탭에서 05 폴더 → '방송화법.mp4'와 '방송화법 로고.png'를 미디어 풀 패널에 드래그합니다. 미디어 풀 패널에 소스를 옮긴 다음 하단의 Edit 탭을 클릭합니다.

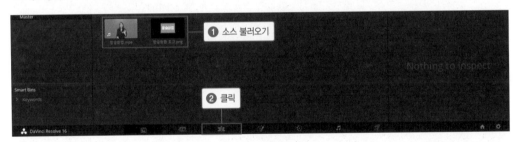

02 │ Edit 화면이 표시되며, 소스 패널에 영상 파일이 표시됩니다. '방송화법.mp4' 파일을 타임라인 패널로 드래 그하여 영상을 위치시킵니다.

03 | Timeline 1의 타임코드(T/C)를 00:00:00:00으로 수정합니다.

04 | 소스 패널에 있는 '방송화법 로고.png' 파일을 타임라인 패널의 '방송화법.mp4' 파일 위 칸으로 드래그합니다. V2 트랙이 생성되면서 로고가 표시되는 것을 확인합니다.

05 | 로고의 길이가 너무 짧습니다. V2 트랙의 '방송화법 로고.png' 파일의 오른쪽 끝을 V1 트랙의 '방송화법.mp4' 길이에 맞게 드래그하여 길이를 늘립니다.

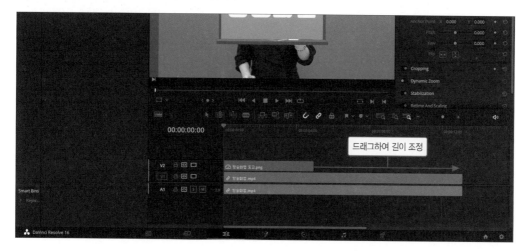

06 | 로고의 크기가 너무 커서 줄이겠습니다. 오른쪽에 있는 설정 패널에서 Transform – Zoom 값에 '0,650' 을 입력합니다. X나 Y 아무 칸에 입력해도 비례해서 가로 세로 비율이 같이 바뀝니다.

07 | 로고의 위치를 왼쪽 상단에 위치하도록 옮기겠습니다. 설정 패널의 Transform – Position 값을 'X : -641.0', 'Y : 310.0'으로 입력합니다. 로고가 왼쪽 상단으로 이동합니다.

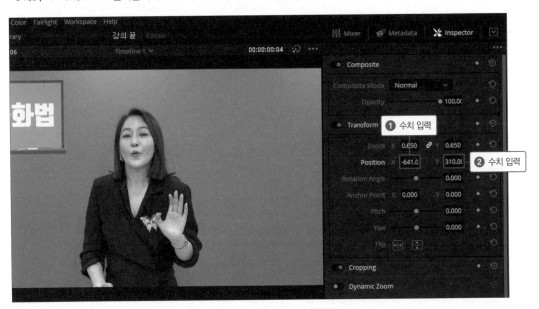

> **알아두기** | **트랙 활용하기**
>
> 트랙을 여러 개 활용하면 로고뿐만 아니라 동영상, 텍스트와 같은 다른 요소들도 추가할 수 있습니다. 강의 영상에 도움이 될만한 자료나 문구를 삽입하여 활용하도록 합니다.

Section **13**

예비용 오디오와 **내 강의 영상 싱크 맞추기**

보통은 촬영기기에 녹음기를 달아서 한번에 녹음하지만, 장비가 부족하거나 외부 상황에 따라 녹음기를 따로 배치하여 다른 기기에서 녹음하는 상황이 있습니다. 다른 영상과 다른 오디오 파일이 따로 있을 때, 다빈치 리졸브 내에서 두 파일의 싱크를 맞추는 방법에 대해 알아보겠습니다.

● 예제 파일 05\오리엔테이션.mp4, 오리엔테이션 오디오.mp3   ● 완성 파일 05\오리엔테이션완성.mp4

01 │ 다빈치 리졸브를 실행합니다. 새 프로젝트를 만들고 Media 탭에서 05 폴더 → '오리엔테이션 오디오.mp3' 와 '오리엔테이션.mp4'를 미디어 풀 패널에 드래그합니다. 미디어 풀 패널에 소스를 옮긴 다음 하단의 Edit 탭을 클릭합니다.

02 │ Edit 화면이 표시되며, 소스 패널에 영상 파일이 표시됩니다. '오리엔테이션.mp4' 파일을 타임라인 패널로 드래그하여 영상을 위치시킵니다.

03 │ 시간표시자를 드래그하여 박수를 치는 장면인 02:01초 부분으로 이동합니다. 촬영을 할 때 다른 오디오 녹음기기를 사용하는 경우, 박수 소리를 기준으로 싱크를 맞추는 것이 좋습니다.

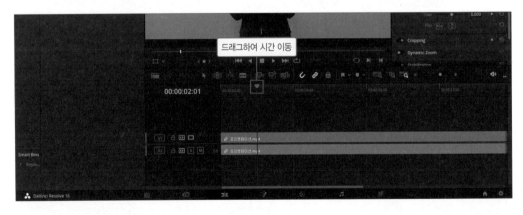

04 │ Ctrl + B 를 누릅니다. 영상이 잘린 것을 확인합니다.

05 | 소스 패널의 '오리엔테이션 오디오.mp3' 파일을 타임라인 패널의 '오리엔테이션.mp4' 파일의 아래 칸으로 드래그하여 위치합니다. 타임라인 패널에 A2 트랙이 생성되면서 '오리엔테이션 오디오.mp3'가 위치합니다.

06 | 타임라인 패널의 A2 트랙 아래 경계를 드래그하면 오디오 트랙이 확대되면서 A2 트랙의 오디오 볼륨을 시각적으로 확인할 수 있습니다. A2 트랙 아래 경계 부분을 밑으로 드래그하여 확대합니다.

07 | 시간표시자를 02:18초로 드래그하여 이동합니다. A2 트랙의 튀어나온 파형 부분이 박수 소리가 나는 부분입니다. 이 부분을 기준으로 싱크를 맞출 수 있습니다.

08 | 타임라인 패널의 A2 트랙을 선택하고 Ctrl+B를 누릅니다. 오디오 트랙이 02:18초를 기준으로 잘립니다. 02:18초 이후의 '오리엔테이션 오디오.mp3' 파일을 02:01초로 드래그하여 앞으로 당겨줍니다.

09 | '오리엔테이션.mp4' 파일과 '오리엔테이션 오디오.mp3' 파일이 박수 소리를 기준으로 싱크가 맞게 됩니다. 02:01초의 앞부분은 드래그하여 선택하고 Delete를 눌러 지워줍니다.

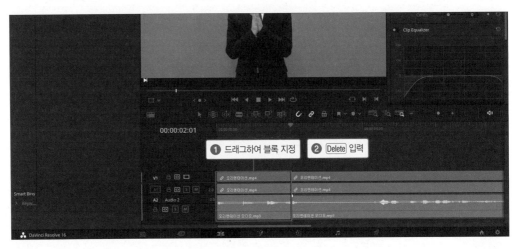

10 | 싱크를 맞췄다면, 기존의 오디오는 필요가 없습니다. 타임라인 패널의 A1 트랙에 있는 음소거 아이콘(M)을 클릭합니다. 해당 트랙의 소리가 음소거 처리됩니다.

Section 14

프로젝트 저장하고 불러오기

온라인 강의의 특성상 긴 영상을 편집하기 때문에 장시간 동안 편집하는 경우가 많습니다. 긴 시간을 할애하여 한번에 영상을 끝까지 편집하는 것보다 중간에 다른 업무를 보면서 편집을 이어나가는 경우가 더 많습니다. 여기서는 프로젝트를 저장하고 불러오는 방법에 대해 알아봅니다.

01 │ 다빈치 리졸브 상단 메뉴 표시줄에 (File) – (Save Project As...)를 클릭합니다.

02 │ Save Current Project As 대화상자가 표시됩니다. 프로젝트 이름을 '편집 프로젝트'로 입력하고 (Save) 버튼을 클릭합니다.

03 | 다빈치 리졸브의 데이터베이스에 프로젝트가 저장되었습니다. 다빈치 리졸브를 종료하고 다시 실행합니다. 시작 화면에 방금 저장한 '편집 프로젝트'가 표시됩니다. 불러오고자 하는 프로젝트를 선택하고 (Open) 버튼을 클릭합니다.

04 | 저장한 프로젝트가 실행됩니다. 모든 저장한 프로젝트는 이런 과정으로 불러옵니다.

Section 15

컷 편집이 완성되었다면 **전체 영상 출력하기**

편집이 끝나서 영상을 영상 파일로 뽑는 과정을 '랜더링'이라고 합니다. 다빈치 리졸브에서는 다양한 설정과 다양한 방식으로 영상을 출력할 수 있습니다. 영상을 고화질로 출력하는 방법에 대해 알아 보겠습니다.

● 예제 파일 05\전체 영상 출력하기.mp4   ● 완성 파일 05\전체 영상.mp4

01 │ 다빈치 리졸브를 실행합니다. 새 프로젝트를 만들고 Media 탭에서 05 폴더 → '전체 영상 출력하기.mp4'를 미디어 풀 패널에 드래그합니다. 미디어 풀 패널에 소스를 옮긴 다음 하단의 Edit 탭을 클릭합니다.

02 │ Edit 화면이 표시되며, 소스 패널에 영상 파일이 표시됩니다. '전체 영상 출력하기.mp4' 파일을 타임라인 패널로 드래그하여 영상을 위치시킵니다. 영상을 출력하기 위해 하단의 Deliver 탭을 클릭해 Deliver 화면으로 이동합니다.

03 | Edit 화면의 타임라인과 비슷하게 Deliver 패널도 구성되어 있습니다. 타임라인 패널 위에 Render에 'Entire Timeline'으로 설정되어 있어 영상 전체가 출력됩니다. 영상의 세부 설정만 해보도록 하겠습니다.

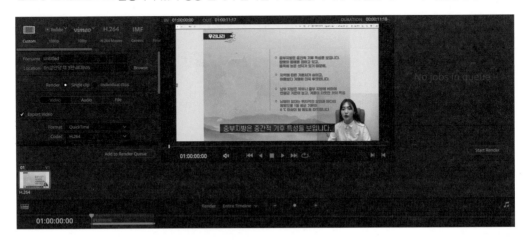

04 | 랜더 세팅 패널에서 영상 설정을 할 수 있습니다. Format은 가장 대중적으로 많이 쓰이는 'MP4' 형식을 선택합니다.

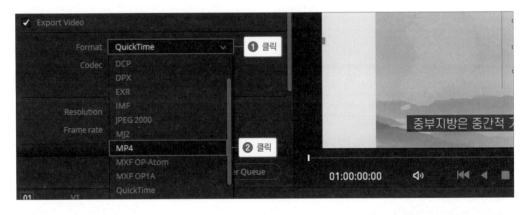

05 | Codec은 MP4를 고르면 H.264로 지정되어 있습니다. 그대로 두고, Resolution을 '1280 x 720 HD 720P' 로 선택합니다. 원본 영상이 '1920 x 1080 FHD' 영상이기 때문에 최적화 작업을 합니다. 기호에 맞게 사이즈를 설정하면 됩니다.

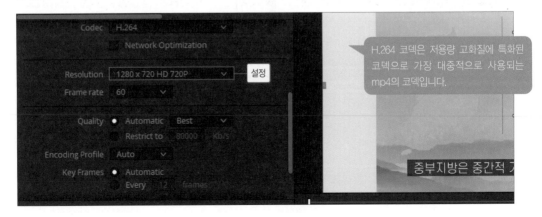

H.264 코덱은 저용량 고화질에 특화된 코덱으로 가장 대중적으로 사용되는 mp4의 코덱입니다.

06 | 랜더 세팅 패널의 (Audio) 버튼을 클릭합니다. 출력 설정을 할 때, 오디오도 설정할 수 있습니다. Codec이 'AAC', Date Rate는 '192 Kb/s'로 기본 설정되어 있습니다. 확인만 하고 넘어가도록 합니다.

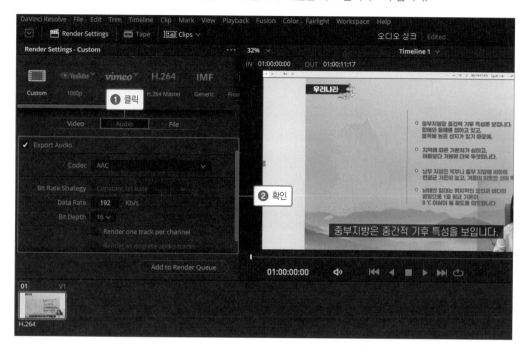

07 | 랜더 세팅 패널의 상단에서 File name과 Location을 지정할 수 있습니다. (Browse) 버튼을 클릭하고 완성본을 출력할 경로와 파일 이름을 지정합니다. 여기서는 '전체 영상 출력하기.mp4'로 이름을 지정하였습니다. (Save) 버튼을 클릭합니다.

08 | 출력 설정이 완료되었습니다. 랜더 세팅 패널 하단의 (Add to Render Queue) 버튼을 클릭하면 우측의 Render Queue 패널에 대기열로 추가됩니다. 대기열이 Job 1으로 표시됩니다. (Start Render) 버튼을 클릭합니다.

09 | 출력 과정이 진행되며, Location으로 지정한 경로에 영상이 출력됩니다.

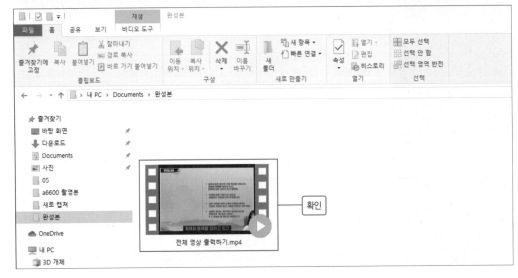

Section 16

영상의 특정 부분을 **선별하여 출력하기**

앞서 영상을 출력하는 방법에 대해 알아봤습니다. H.264 코덱으로 MP4 형식의 고화질 영상을 출력할 수 있습니다. 이번에는 전체 영상이 아닌 특정 부분만 골라서 영상을 출력하는 방법에 대해 알아보겠습니다.

● 예제 파일 05\특정 부분 출력하기.mp4　　● 완성 파일 05\특정 부분.mp4

01 │ 다빈치 리졸브를 실행합니다. 새 프로젝트를 만들고 Media 탭에서 05 폴더 → '특정 부분 출력하기.mp4'를 미디어 풀 패널에 드래그합니다. 미디어 풀 패널에 소스를 옮긴 다음 하단의 Edit 탭을 클릭합니다.

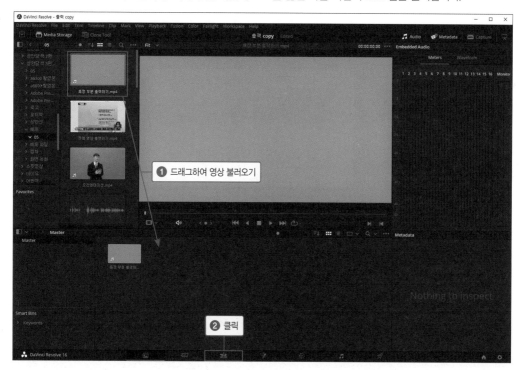

02 | Edit 화면이 표시되며, 소스 패널에 영상 파일이 표시됩니다. '전체 영상 출력하기.mp4' 파일을 타임라인 패널로 드래그하여 영상을 위치시킵니다. 영상을 출력하기 위해 Deliver 탭을 클릭해 Deliver 화면으로 이동합니다.

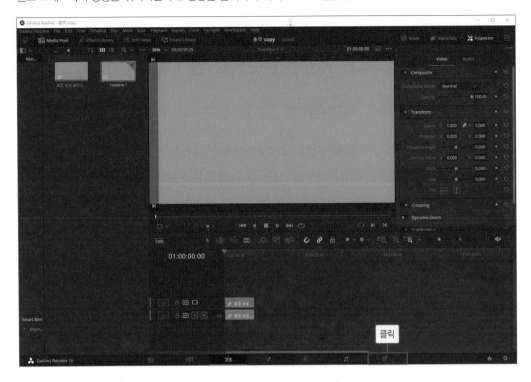

03 | 영상 출력을 위한 Deliver 화면에 들어옵니다. 영상을 전체로 출력하기에는 분홍색 화면까지 같이 뽑힙니다. 특정 부분을 선택해서 출력하는 방법에 대해 알아보겠습니다.

04 │ 시간표시자를 드래그하여 01:26초로 드래그합니다. 이 부분이 분홍 화면이 끝나고 영상이 나오는 첫 장면입니다.

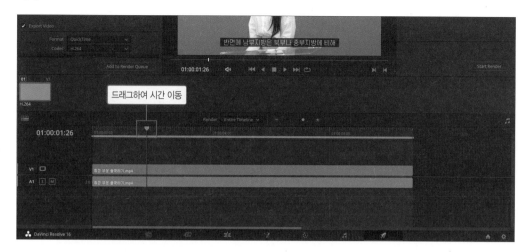

05 │ 이 부분을 시작점으로 만들기 위해 ⓘ를 누릅니다. 타임라인 패널의 Render 부분이 'Entire Timeline'에서 'In/Out Range'로 바뀜과 동시에 01:26초 부분이 시작점이 됩니다. 이 기능을 'Mark in'이라고 부릅니다.

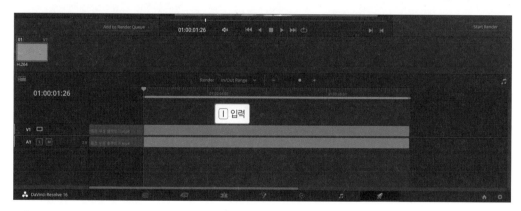

06 │ 이번에는 시간표시자를 드래그하여 08:28초로 드래그합니다. 이 부분이 분홍색 화면이 다시 나오기 전 영상의 끝 장면입니다.

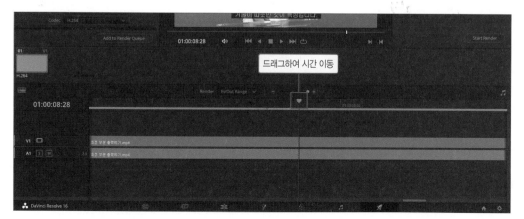

07 | 이 부분을 끝점으로 만들기 위해 ⓞ를 누릅니다. 08:28초 부분이 끝점이 됩니다. 이 기능을 'Mark Out'이라고 부릅니다.

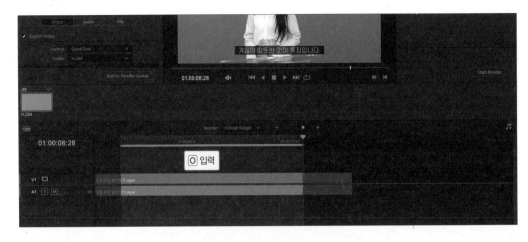

08 | 이 상태에서 영상 출력을 설정합니다. 랜더 세팅 패널에서 Format을 MP4로 선택합니다.

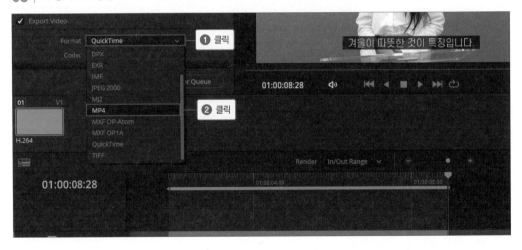

09 | Codec은 MP4를 고르면 H.264로 지정되어 있습니다. 그대로 두고, Resolution을 '1280 x 720 HD 720P'로 선택합니다. 원본 영상이 '1920 x 1080 FHD' 영상이기 때문에 최적화 작업을 해주겠습니다. 사용 목적에 맞게 사이즈를 설정하면 됩니다.

10 | 랜더 세팅 패널의 (Audio) 버튼을 클릭합니다. Codec이 'AAC', Date Rate는 '192Kb/s'로 기본 설정되어 있습니다. 확인만 하고 넘어가도록 합니다.

11 | 랜더 세팅 패널의 상단에서 File name과 Location을 지정할 수 있습니다. (Browse) 버튼을 클릭하고 완성본을 출력할 경로와 파일 이름을 지정합니다. 여기서는 '특정 부분 출력하기.mp4'로 이름을 지정하였습니다. (Save) 버튼을 클릭합니다.

12 | 출력 설정이 완료되었습니다. 랜더 세팅 패널 하단의 (Add to Render Queue) 버튼을 클릭하면 우측의 Render Queue 패널에 대기열로 추가됩니다. 대기열이 Job 1으로 표시됩니다. (Start Render) 버튼을 클릭합니다.

13 | 출력이 시작됩니다. 출력이 완료되면, 선택에서 제외한 분홍색 부분은 모니터 창에 보이지 않는 것을 알 수 있습니다. Location으로 지정한 경로에 영상이 출력됩니다.

Section 17

자연스러운 **강의 화면 전환하기**

화면과 화면을 컷 편집하면 끊긴 것처럼 화면을 전환됩니다. 강의 주제가 바뀌거나 내용이 전환될 때는 여러 가지 화면 전화 효과를 활용하면 자연스럽고 듣는 사람에게 내용이 바뀐다는 일종의 신호를 줄 수 있습니다. Cut 화면에서 화면 전환 효과를 적용하는 방법을 알아보겠습니다.

◉ **예제 파일** 05\디졸브1번.mp4, 디졸브2번.mp4 ◉ **완성 파일** 05\교차 디졸브.mp4

01 │ 다빈치 리졸브를 실행합니다. 새 프로젝트를 만들고 Media 탭에서 05 폴더 → '디졸브1번.mp4, 디졸브2번.mp4'를 미디어 풀 패널에 드래그합니다. 미디어 풀 패널에 소스를 이동시킨 다음 하단의 Cut 탭을 누릅니다.

02 │ Cut 화면이 표시되며, 소스 패널에 영상 파일이 표시됩니다. '디졸브1번.mp4' 파일을 타임라인 패널로 드래그하여 영상을 위치시킵니다.

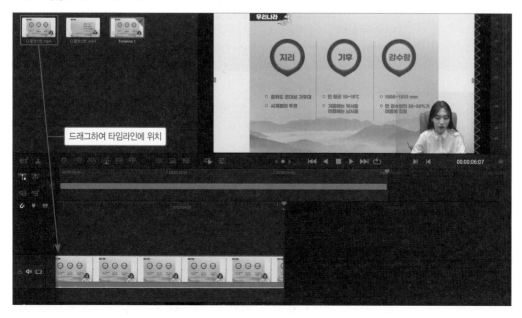

03 | 소스 패널에서 '디졸브2번.mp4' 파일을 선택한 다음 타임라인 패널 위에 있는 덧붙임 아이콘(■)을 클릭합니다. '디졸브1번.mp4' 뒤쪽에 '디졸브2번.mp4'가 붙은 것을 확인합니다.

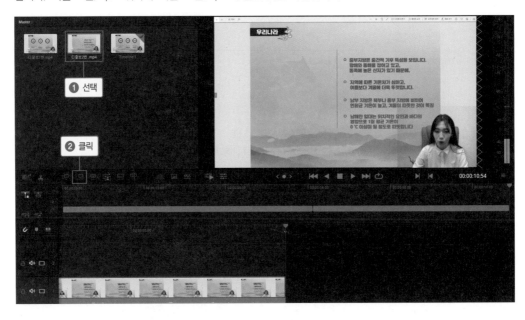

04 | Page up 을 눌러 '디졸브1번.mp4'와 '디졸브2번.mp4'의 경계 부분으로 이동합니다.

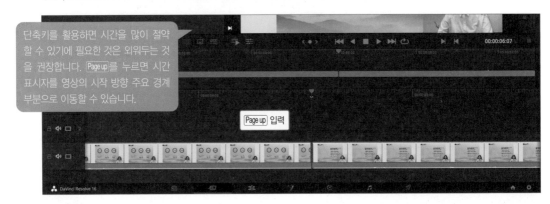

단축키를 활용하면 시간을 많이 절약할 수 있기에 필요한 것은 외워두는 것을 권장합니다. Page up 를 누르면 시간표시자를 영상의 시작 방향 주요 경계 부분으로 이동할 수 있습니다.

05 | 타임라인 패널의 시간표시자를 06:46초 부분으로 드래그하여 이동합니다. '디졸브1번.mp4'를 시간표시자에 맞춰 드래그하여 위쪽 트랙으로 겹치게 올립니다.

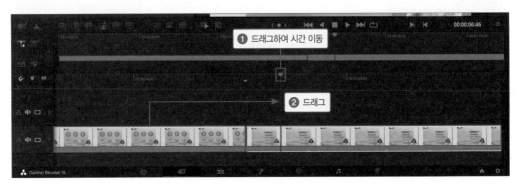

06 │ 다음과 같이 두 개의 영상이 겹치게 위치합니다.

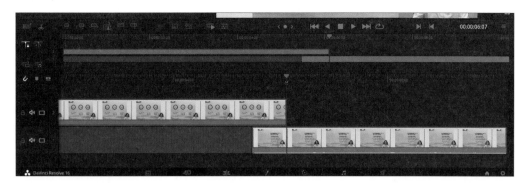

07 │ 타임라인 패널 상단의 Dissolve 아이콘(▨)을 클릭합니다. 정상적으로 화면 전환 효과가 적용됩니다. 효과가 적용된 부분의 왼쪽 끝부분을 오른쪽 방향으로 드래그하여 '디졸브2번.mp4'의 시작 부분에 맞게 길이를 조절합니다.

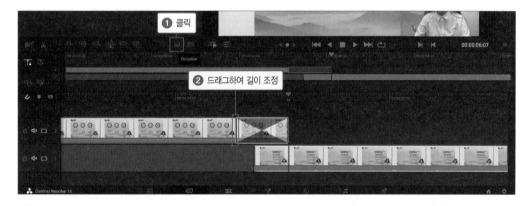

08 │ 첫 번째 영상이 투명해지면서 자연스럽게 두 번째 영상으로 전환됩니다. 이러한 효과를 '교차 디졸브'라고 합니다.

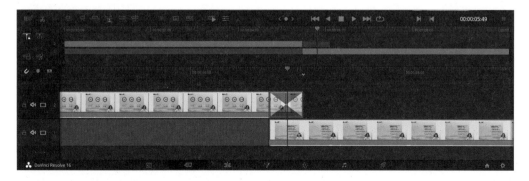

알아두기 다빈치 리졸브 16의 버그

다빈치 리졸브 16버전에는 Cut 화면과 Edit 화면 상관없이 2개의 영상을 나열하여 화면 전환을 할 때 영상에 바로 적용이 되지 않는 버그가 존재합니다. 따라서 영상을 겹쳐서 효과를 적용하는 방법을 사용해야 합니다.

Section 18

고급스러운 블러 화면 전환 효과 적용하기

다빈치 리졸브에는 교차 디졸브 외에도 다양한 전환 효과를 적용할 수 있습니다. 그중에 Edit 화면에서 블러 디졸브를 적용해보는 방법에 대해 알아보겠습니다.

◉ 예제 파일 05\디졸브1번.mp4, 디졸브2번.mp4 　　　　　　　◉ 완성 파일 05\블러 디졸브.mp4

01 │ 다빈치 리졸브를 실행합니다. 새 프로젝트를 만들고 Media 탭에서 05 폴더 → '디졸브1번.mp4, 디졸브2번.mp4'를 미디어 풀 패널에 드래그합니다. 미디어 풀 패널에 소스를 이동시킨 다음 하단의 Edit 탭을 클릭합니다.

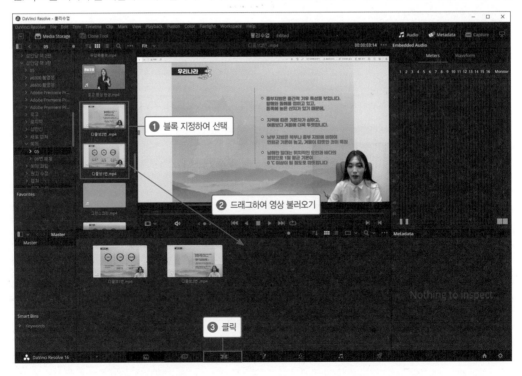

02 | Edit 화면이 표시되며, 소스 패널에 영상 파일이 표시됩니다. '디졸브1번.mp4' 파일을 타임라인 패널로 드래그하여 영상을 위치시킵니다.

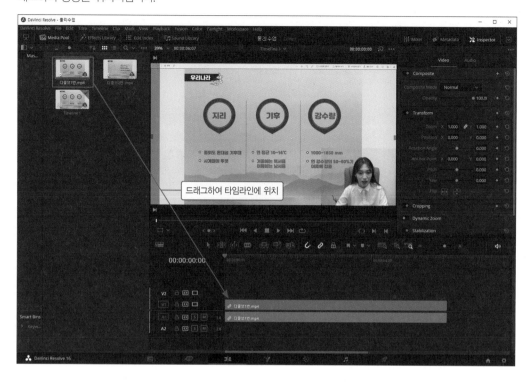

03 | 소스 패널에서 '디졸브2번.mp4' 파일을 타임라인 패널의 '디졸브1번.mp4' 뒤쪽으로 드래그합니다. 영상 2개가 나란히 배치됩니다.

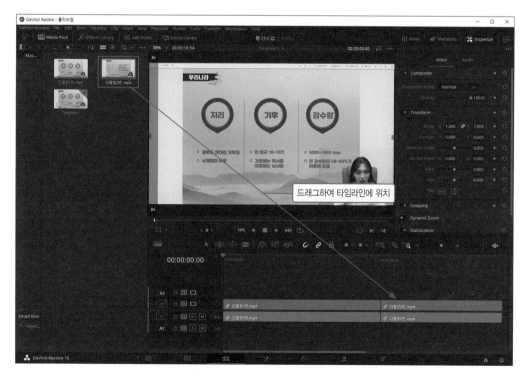

04 | 타임라인 패널의 시간표시자를 두 영상의 경계 부분인 06:07초 부분으로 이동합니다. 소스 패널 상단에 있는 (Effects Library) 버튼을 클릭합니다. 왼쪽 하단에 효과를 적용할 수 있는 효과 패널이 표시됩니다.

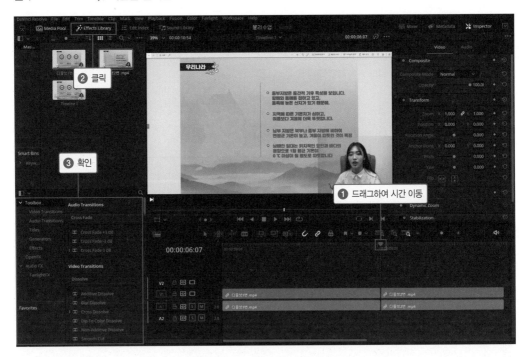

05 | 타임라인 패널의 시간표시자를 05:47초 부분으로 드래그하여 이동합니다.

06 | '디졸브2번.mp4' 영상을 '디졸브1번.mp4' 영상 위쪽 트랙으로 드래그하여 V2 트랙에 위치합니다.

07 | 왼쪽 하단의 효과 패널에서 Video Transitions – Blur Dissolve를 타임라인 패널 '디졸브2번.mp4' 시작 부분에 드래그하여 적용합니다.

08 | 현재 화면 전환의 길이가 '디졸브1번.mp4' 영상보다 길게 설정되어 있습니다. 화면 전환의 오른쪽 끝부분을 왼쪽 방향으로 드래그하여 '디졸브1번.mp4'의 영상 길이만큼 길이를 줄여줍니다.

09 | 영상에 맞게 길이가 조절됩니다.

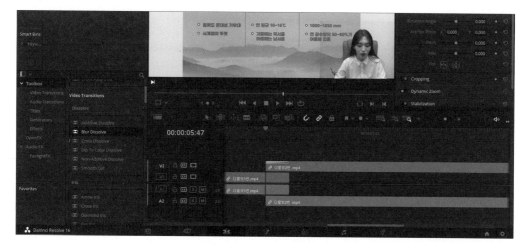

10 | 타임라인 패널의 화면 전환 효과가 적용된 부분을 선택합니다. 모니터 오른쪽 효과 설정 패널에 Blur Dissolve – Horizon Strength, Vertical Strength를 '0.300', '0.300'으로 수정합니다. 부드러운 흐림 효과가 설정됩니다.

설정값을 조절하지 않으면 상당히 거친 느낌의 화면 전환 효과가 적용됩니다.

알아두기 다빈치 리졸브의 다양한 화면 전환 효과

Blur Dissolve 이외에도 Addictive Dissolve, Dip to Color Dissolve, Smooth Cut 등 다빈치 리졸브에는 다양한 화면 전환 효과가 있습니다. 세부 설정을 통해 전환 효과를 수정할 수 있으므로, 상황과 기호에 맞게 이용하면 영상에 다양함을 더할 수 있습니다.

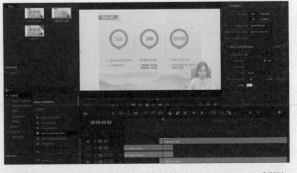

▲ 설정한 색상의 화면이 플래시처럼 삽입되는 'Dip to Color Dissolve' 화면 전환 효과

Section 19

강의에 어울리는 **슬라이드 전환 효과 만들기**

강의 영상을 진행하는 경우 수업 자료를 첨부하거나 수업에 관련된 영상을 추가할 수 있습니다.
일반 컷 편집으로 만드는 방법보다 강의 영상에 알맞게 슬라이드 쇼 느낌으로 영상을 만들 수 있습
니다. 슬라이드 화면 전환 효과를 적용하는 방법에 대해 알아보겠습니다.

● 예제 파일 05\슬라이드1번.mp4, 슬라이드2번.png   ● 완성 파일 05\강의 중간완성.mp4

01 │ 다빈치 리졸브를 실행합니다. 새 프로젝트를 만들고 Media 탭에서 05 폴더 → '슬라이드1번.mp4, 슬라이드2
번.png'를 미디어 풀 패널에 드래그합니다. 미디어 풀 패널에 소스를 이동시킨 다음 하단의 Edit 탭을 클릭합니다.

02 | Edit 화면이 표시되며, 소스 패널에 영상 파일이 표시됩니다. '슬라이드1번.mp4' 파일을 타임라인 패널로 드래그하여 영상을 위치시킵니다.

03 | 소스 패널에서 '슬라이드[2-2]번.png' 파일을 타임라인 패널의 '슬라이드1번.mp4' 위쪽 V2 트랙으로 드래 그합니다. 영상 2개가 겹쳐서 배치됩니다.

04 | 소스 패널 상단에 있는 (Effects Library) 버튼을 클릭합니다. 왼쪽 하단에 효과를 적용할 수 있는 효과 패널이 표시됩니다. (Video Transitions) – (Slide)를 선택합니다.

05 | Slide 효과를 V2 트랙에 있는 '슬라이드2번.png'의 앞부분에 드래그하여 효과를 적용합니다. 그림과 같이 화면이 밀려서 들어오는 화면 전환 효과가 만들어집니다.

06 │ 타임라인 패널의 시간표시자를 03:07초 부분으로 드래그하여 이동합니다. Slide 효과의 오른쪽 끝부분을 시간표시자가 있는 03:07초 부분으로 드래그합니다. 효과의 속도가 조절됩니다.

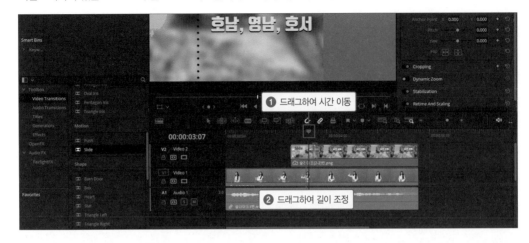

07 │ 화면 전환 효과의 지속 시간이 짧아집니다.

화면 전환의 끝부분을 드래그하면 화면 전환 효과의 지속 시간을 조절할 수 있습니다.

08 │ 타임라인 패널의 효과 전환 부분을 선택하고 모니터 오른쪽의 효과 설정 패널에서 Border 값을 '100'으로 입력합니다. 전환되는 경계 부분에 흰색 경계선이 생성됩니다.

Section 20

심플한 **기본 자막 넣기**

　강의 영상에는 듣는 사람을 이해시키기 위해 자막을 삽입하는 경우가 많습니다. 다빈치 리졸브에서 강의 영상에 심플한 형태의 자막을 삽입하는 방법에 대해 알아보겠습니다.

● 예제 파일 05\물리수업.mp4　　　● 완성 파일 05\물리수업완성.mp4

01 │ 다빈치 리졸브를 실행합니다. 새 프로젝트를 만들고 Media 탭에서 05 폴더 → '물리수업.mp4'를 미디어 풀 패널에 드래그합니다. 미디어 풀 패널에 소스를 이동시킨 다음 하단의 Edit 탭을 클릭합니다.

02 | Edit 화면이 표시되며, 소스 패널에 영상 파일이 표시됩니다. '물리수업.mp4' 파일을 타임라인 패널로 드래그하여 영상을 위치시킵니다.

03 | 타임라인 패널의 시간표시자를 01:14초 부분으로 드래그하여 이동합니다.

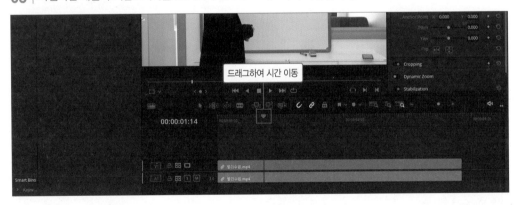

04 | 말의 단위로 자막을 작성하기 위해 이 부분에서 Marker 아이콘(■)을 클릭합니다. '우선 고전역학은' 자막을 삽입하기 위한 경계 표시입니다.

05 | 같은 방법으로 시간표시자를 04:20초로 드래그하여 이동한 다음, Marker 아이콘(■)을 클릭합니다. '미터 (M), 초(S)' 자막을 삽입하기 위한 경계 표시입니다.

06 | 소스 패널 상단에 있는 (Effects Library) 버튼을 클릭합니다. 왼쪽 하단에 효과를 적용할 수 있는 효과 패 널이 표시됩니다. (Tiles) – (Text)를 선택합니다.

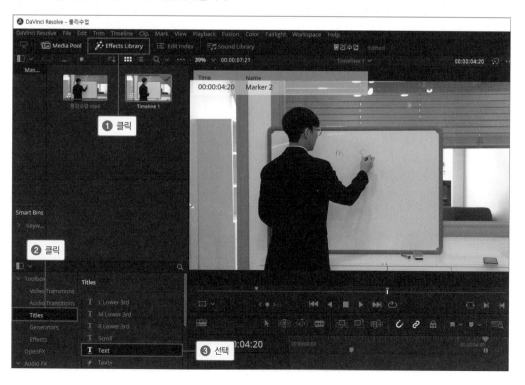

07 | 'Text' 효과를 드래그하여 타임라인 패널의 '물리수업.mp4' 위쪽 V2 트랙으로 드래그합니다. 기본 자막이 추가됩니다. V2 트랙의 'Text' 오른쪽 끝부분을 왼쪽 방향으로 드래그하여 첫 번째 마커만큼 길이를 줄이도록 합니다.

08 | 마커의 길이만큼 딱 자막의 길이가 조절됩니다. (Alt)를 누른 상태로 타임라인 패널의 'Text'를 V2 트랙의 오른쪽 방향으로 드래그합니다. 자막을 복제하여 3개로 만듭니다.

09 | 자막이 3개가 만들어집니다. 각각의 자막의 오른쪽 끝부분을 오른쪽 방향으로 드래그하여 길이를 마커와 영상 길이에 맞게 조절합니다.

10 | 타이틀과 위치를 수정하여 자막을 만들겠습니다. 타임라인 패널 V2 트랙의 첫 번째 자막을 선택합니다. 오른쪽의 Rich Text 부분에 '우선 고전역학은'을 입력합니다.

11 | 시간표시자를 01:14초로 드래그하여 이동합니다. 2번째 자막을 선택한 다음, 오른쪽의 Rich Text 부분에 '미터(M), 초(S)'를 입력합니다.

12 | 같은 방법으로 시간표시자를 04:20초로 드래그하여 이동합니다. 세 번째 자막을 선택한 다음, 오른쪽의 Rich Text 부분에 '이 두 가지의 물리 단위로 표현합니다.'를 입력합니다.

13 | 타임라인 패널의 V2 트랙에 있는 모든 자막을 드래그하여 블록 지정합니다. 주황색으로 전부 표시가 됩니다. 이 상태에서 Rich Text 하단에 있는 Font Family를 무료 폰트인 'Tmon몬소리'체로 바꿔줍니다. 3개의 글씨가 한번에 수정됩니다.

14 | 마찬가지로 Size와 Position Y를 수정합니다. 각각 '85', '188.000'으로 수정합니다. 글씨의 크기가 작아지고 위치도 하단 중앙에 위치합니다.

15 | 글씨의 가독성을 위해 효과 설정 패널에서 Drop Shadow도 설정합니다. Offset X, Offset Y, Blur, Opacity를 '4.000', '-7.000', '1', '100'으로 설정합니다. 그림자가 생겨서 가독성이 좋아진 자막이 완성됩니다.

알아두기   글자에 색상 넣기

특정 부분에만 글씨의 색상을 넣을 수 있습니다. Rich Text의 입력 창에서 특정 부분만 블록 지정한 다음, 하단의 'Color' 설정을 변경하면 그림과 같이 특정 부분에만 색상을 변경할 수 있습니다. 포인트 자막이나 중요한 개념을 설명할 때 사용하면 좋습니다.

▲ 특정 부분에만 색상 입히기

Section 21

가독성과 포인트를 동시에, **박스형 자막 만들기**

긴 온라인 강의의 특성상 모든 말을 자막으로 전달하는 경우보다는 포인트로 짚어주는 형태의 자막을 사용하기도 합니다. 이러한 형태의 자막으로 TV 예능에서도 쓰이는 박스형 자막이 있습니다. 다빈치 리졸브에서 심플하지만 핵심을 잡아주는 박스형 포인트 자막을 만드는 방법에 대해 알아보겠습니다.

◉ 예제 파일 05\지리오티.mp4　　◉ 완성 파일 05\지리오티완성.mp4

01 │ 다빈치 리졸브를 실행합니다. 새 프로젝트를 만들고 Media 탭에서 05 폴더 → '지리오티.mp4'를 미디어 풀 패널에 드래그합니다. 미디어 풀 패널에 소스를 옮긴 다음 하단의 Edit 탭을 클릭합니다.

02 | Edit 화면이 표시되며, 소스 패널에 영상 파일이 표시됩니다. '지리오티.mp4' 파일을 타임라인 패널로 드래그하여 영상을 위치시킵니다.

03 | 타임라인 패널의 시간표시자를 01:26초 부분으로 드래그하여 이동합니다.

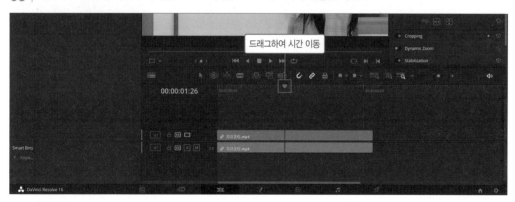

04 | 말의 단위로 자막을 작성하기 위해 이 부분에서 Marker 아이콘(🔲)을 클릭합니다. '기후' 자막을 삽입하기 위한 경계 표시입니다.

05 │ 같은 방법으로 시간표시자를 03:18초로 드래그하여 이동한 다음, Marker 아이콘(■)을 클릭합니다. '지리' 자막을 삽입하기 위한 경계 표시입니다.

06 │ 소스 패널 상단에 있는 (Effects Library) 버튼을 클릭합니다. 왼쪽 하단에 효과를 적용할 수 있는 효과 패널이 표시됩니다. (Titles) - (Text)를 선택합니다.

07 | 'Text' 효과를 드래그하여 타임라인 패널의 '지리오티.mp4' 위쪽 V2 트랙으로 드래그합니다. 기본 자막이 추가됩니다. V2 트랙의 'Text'의 오른쪽 끝부분을 왼쪽 방향으로 드래그하여 첫 번째 마커만큼 길이를 줄이도록 합니다.

08 | 마커의 길이만큼 자막의 길이가 조절됩니다. [Alt]를 누른 상태로 타임라인 패널의 'Text'를 V2 트랙의 오른쪽 방향으로 드래그합니다. 자막을 복제하여 3개로 만듭니다.

09 | 자막이 3개가 만들어집니다. 각각의 자막 오른쪽 끝부분을 왼쪽 방향으로 드래그하여 길이를 마커와 영상 길이에 맞게 조절합니다.

10 | 타이틀과 위치를 수정하여 자막을 만들겠습니다. 타임라인 패널 V2 트랙의 첫 번째 자막을 선택합니다. 오른쪽의 Rich Text 부분에 '기후'를 입력합니다.

11 | 시간표시자를 01:26초로 드래그하여 이동합니다. 두 번째 자막을 선택한 다음, 오른쪽의 Rich Text 부분에 '지리'를 입력합니다.

12 | 같은 방법으로 시간표시자를 03:18초로 드래그하여 이동합니다. 세 번째 자막을 선택한 다음, 오른쪽의 Rich Text 부분에 '강수량'을 입력합니다.

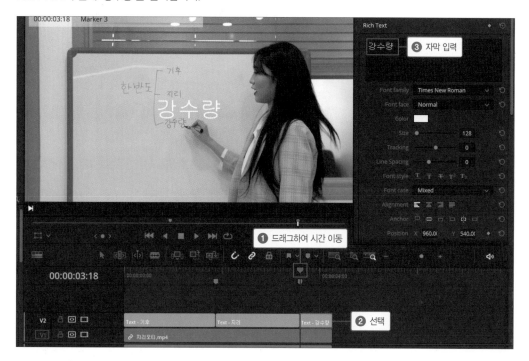

13 | 타임라인 패널의 V2 트랙에 있는 모든 자막을 드래그하여 블록 지정합니다. 주황색으로 전부 표시가 됩니다. 이 상태에서 Rich Text 하단에 있는 Font Family를 무료 폰트인 '나눔고딕ExtraBold'체로 바꿔 줍니다. 3개의 글씨가 한번에 수정됩니다.

14 │ 마찬가지로 Position Y를 '200.000'으로 수정합니다. 자막의 위치가 하단 중앙에 위치합니다.

15 │ 박스형 자막을 만들기 위해 효과 설정 패널에서 Background를 설정합니다. Width, Height, Corner Radius, Opacity를 '0.220', '0.170', '0.000', '100'으로 설정합니다. 사각형 박스 자막이 완성됩니다.

16 │ '기후'와 '지리'는 글자 수가 적어서 박스의 길이를 조절해야 합니다. 타임라인 패널의 2 트랙에 있는 '기후', '지리'를 드래그하여 블록 지정합니다.

17 | 효과 설정 패널에서 Background를 설정합니다. Width를 '0.151'으로 설정합니다. 사각형 박스 자막 설정이 변경됩니다.

18 | 타임라인 패널의 시간표시자를 00:15초로 드래그하여 이동합니다. '기후' 자막의 왼쪽 끝부분을 오른쪽 방향으로 드래그하여 길이를 줄여줍니다.

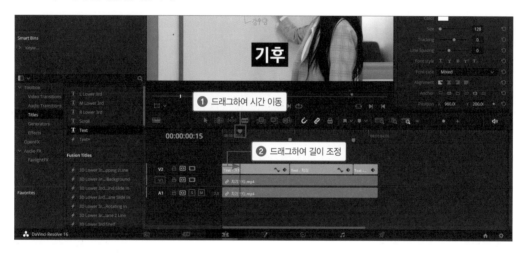

19 | 입 모양에 맞춰서 자막이 나오게 설정합니다.

Section **22**

칠판 형태의 자막 만들기

외부에서 디자인된 소스를 받아서 자막을 꾸밀 수 있습니다. 수강자에게 수업시간 느낌이 나는 칠판 형태의 자막으로 포인트를 줄 수 있습니다. 수업시간 느낌이 나는 아기자기한 칠판 자막을 만들어보겠습니다.

● 예제 파일 05\물리오티.mp4, 칠판 자막.png ● 완성 파일 05\물리오티완성.mp4

01 │ 다빈치 리졸브를 실행합니다. 새 프로젝트를 만들고 Media 탭에서 05 폴더 → '물리오티.mp4, 칠판 자막.png'를 미디어 풀 패널에 드래그합니다. 미디어 풀 패널에 소스를 옮긴 다음 하단의 Edit 탭을 클릭합니다.

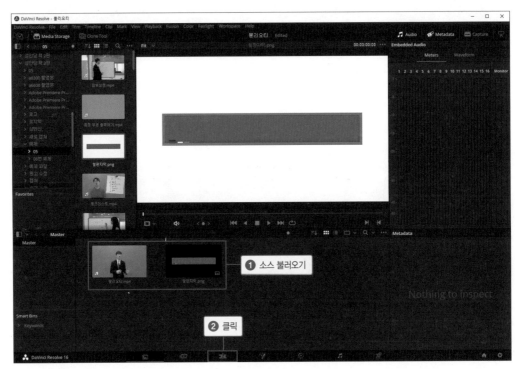

02 | Edit 화면이 표시되며, 소스 패널에 영상 파일이 표시됩니다. '물리오티.mp4' 파일을 타임라인 패널로 드래그하여 영상을 위치시킵니다.

03 | 타임라인 패널의 시간표시자를 드래그하여 08:00초 부분으로 이동합니다. 이 부분이 칠판 자막을 넣는 기준이 될 것입니다.

04 | 소스 패널의 '칠판 자막.png' 파일을 08:00초 부분의 '물리오티.mp4' 영상 위쪽 트랙으로 드래그하여 V2 트랙에 위치합니다. '칠판 자막.png'의 오른쪽 끝부분을 오른쪽 방향으로 드래그하여 '물리오티.mp4' 영상 길이 만큼 늘립니다.

05 | 소스 패널 상단에 있는 (Effects Library) 버튼을 클릭합니다. 왼쪽 하단에 효과를 적용할 수 있는 효과 패널이 표시됩니다. Titles – Text를 선택합니다.

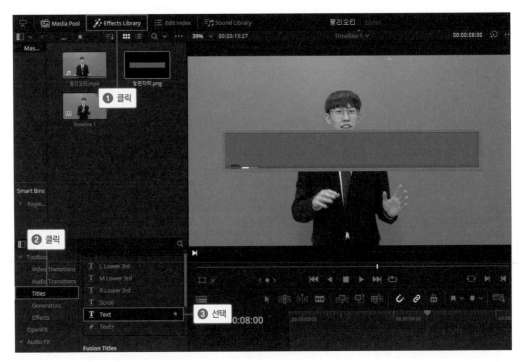

06 | 'Text' 효과를 드래그하여 타임라인 패널의 '칠판 자막.png' 위쪽 V3 트랙으로 드래그합니다. 기본 자막이 추가됩니다. V3 트랙의 'Text'의 오른쪽 끝부분을 오른쪽 방향으로 드래그하여 '칠판 자막.png'만큼 길이를 늘립니다.

07 | 타임라인 패널의 'Text'를 선택하고 오른쪽의 Rich Text 부분에 '실생활 사례와 함께 살펴볼 예정!'을 입력합니다.

08 | Rich Text 하단에 있는 Font family에서 무료 폰트인 '나눔바른펜'체로 폰트를 수정합니다. Size도 칠판 크기에 맞게 '118'로 설정합니다.

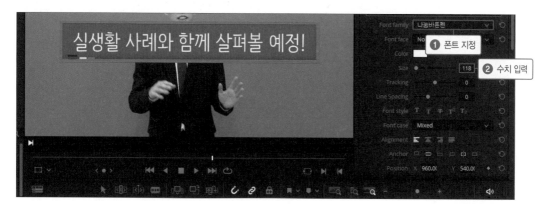

09 │ 이제 두 클립을 하나로 묶겠습니다. 타임라인의 V2 트랙과 V3 트랙에 있는 '칠판 자막.png'와 '자막'을 블록 지정한 다음 오른쪽 마우스 버튼을 클릭하여 New Compound Clip을 선택합니다.

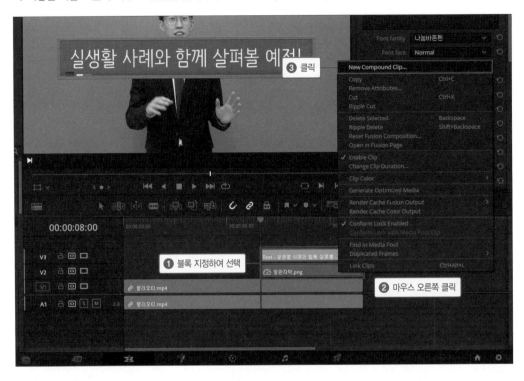

10 │ New Compound Clip 대화상자가 표시됩니다. Name을 '칠판 자막'으로 수정하고 (Create) 버튼을 클릭합니다.

11 | 두 개의 트랙에 있는 소스가 하나로 합쳐졌습니다. 이 상태에서 타임라인 패널의 '칠판 자막'을 선택하고 효과 설정 패널의 Position Y를 '−300.00'으로 수정합니다. 두 개의 소스가 한 개로 병합되었기 때문에 두 번 효과를 적용하는 번거로움이 없습니다.

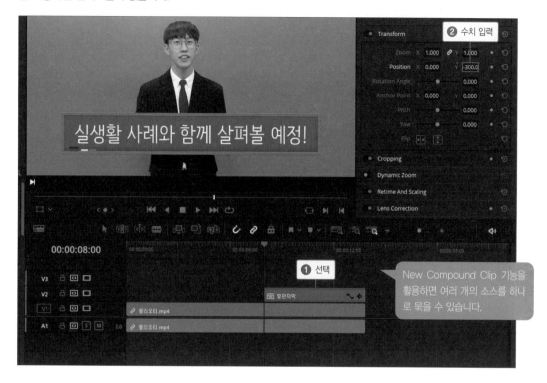

12 | 왼쪽 하단의 효과 패널에서 (Video Transitions) − (Iris) − (Oval Iris) 효과를 타임라인 패널의 '칠판 자막' 시작 부분에 드래그하여 효과를 적용합니다.

13 | 타임라인 패널의 시간표시자를 08:20초로 드래그하여 이동합니다. Oval Iris 효과의 오른쪽 끝부분을 시간 표시자가 있는 08:20초 부분으로 드래그합니다.

14 | 화면 전환 효과의 지속 시간이 짧아집니다. 칠판 자막이 타원형으로 나타나는 자막 효과를 확인합니다.

Section 23

수동 자막 입력은 이제 그만!
Vrew 프로그램 사용하기

    온라인 강의는 기본적으로 30분~1시간가량의 긴 영상입니다. 여기에 자막을 수동으로 입력한다고 하면 비효율적이며, 영상 편집자에게는 번거로운 작업일 것입니다. 무료 음성인식 자막 프로그램 브류(Vrew)를 활용하여 다빈치 리졸브에 자막을 간편하게 입력해 보겠습니다.

국산 무료 음성인식 자막 프로그램 브류 살펴보기

❶ **메뉴 표시줄** : 브류의 다양한 메뉴가 표시됩니다.

❷ **새 영상 파일로 시작하기** : 오디오가 포함된 영상 파일을 넣는 곳입니다. 브류를 활용하기 위해서는 컷 편집만 완료된 영상이 필요합니다.

❸ **예시 영상** : 브류를 체험할 수 있게 준비된 예시 영상입니다.

❹ **예시 자막** : 브류의 예시 영상의 음성인식이 표시됩니다. 브류에 익숙하지 않다면 여기에서 연습해보는 것을 권장합니다.

Section 24

자막 음성인식 프로그램, Vrew 설치하기

브류는 국내에서 개발한 프로그램으로 현재 누구나 무료로 다운받고 사용할 수 있습니다. 음성인식 기능으로 자막을 쉽고 빠르게 달아주는 프로그램 브류를 다운로드하고 실행해보는 방법에 대해 알아보겠습니다.

01 │ 브류 홈페이지(https://vrew.voyagerx.com/ko/)에 접속합니다. 브류를 무료로 다운을 받기 위해 (무료 다운로드) 버튼을 누릅니다.

홈페이지에서 브류와 관련된 튜토리얼도 제공하므로 홈페이지를 확인해보는 것을 권장합니다.

02 │ 다운로드한 실행 파일을 통해 설치를 완료하면 최신 버전의 브류 프로그램이 설치됩니다.

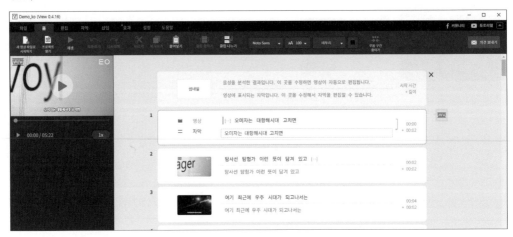

Section 25

자막을 만들고 **내보내기**

    다운로드한 브류에 영상 파일을 넣어 자막을 인식시켜 보겠습니다. 추출한 자막은 투명한 비디오 형태로 다빈치 리졸브나 프리미어 프로, 파이널 컷 등과 같은 영상 편집 프로그램에 바로 적용할 수 있습니다. 브류 사용 방법에 대해 알아보겠습니다.

01 | 브류를 실행합니다. 왼쪽 상단에 있는 (새 영상 파일로 시작하기) 버튼을 클릭합니다.

02 | 음성인식을 진행할 파일을 선택할 수 있습니다. 05 폴더 → '브류용.mp4' 파일을 선택하고 (열기(O)) 버튼을 클릭합니다.

03 │ 음성인식 언어 선택 대화상자가 표시됩니다. '한국어'를 고르고 (확인) 버튼을 클릭합니다.

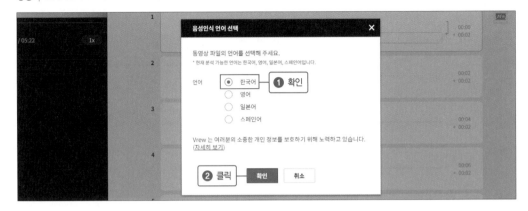

04 │ 오른쪽 상단에 선택한 파일의 음성인식 진행 상태가 표시됩니다. 진행률이 100%가 되면 완료됩니다.

05 │ 결과물이 표시됩니다. 비교적 음성이 정확하게 인식되었습니다. 전문 용어나 발음이 부정확한 부분에서는 자막의 오류가 발생할 경우에는 수동으로 직접 수정을 해야 합니다.

06 | 첫 번째 줄 문장을 클릭하면 분석한 영상의 원본과 수정할 수 있는 자막이 표시됩니다. 직접 입력하여 '화납니다.'를 '하나입니다.'로 수정합니다.

07 | 두 번째 줄 문장을 클릭하여 같은 방법으로 자막을 수정합니다. '등장이요 그렇죠'를 '문장이에요. 그렇죠?'로 수정합니다.

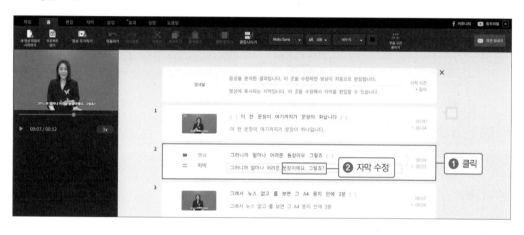

08 | 세 번째 줄 문장을 클릭하여 같은 방법으로 자막을 수정합니다. '없고를', '3분'을 각각 '원고를', '3문장'으로 수정합니다.

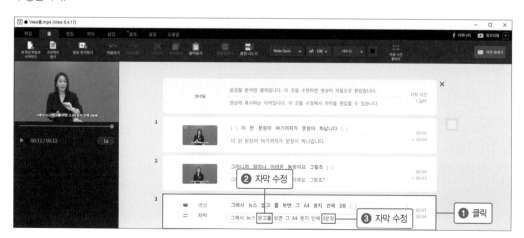

09 | 브류에서는 자막을 디자인할 수 있습니다. 상단 메뉴 표시줄에서 (자막) 메뉴를 클릭합니다. 폰트를 변경할 수 있습니다. 여기서는 무료 폰트인 (에스코어 드림 3 Light)로 지정합니다.

10 | 자막의 스타일과 크기도 변경할 수 있습니다. 자막의 크기를 '110'으로 지정하고 자막의 스타일을 선택하는 창에서 '배경'을 선택합니다.

11 | 자막 배경의 투명도도 '50'으로 지정합니다.

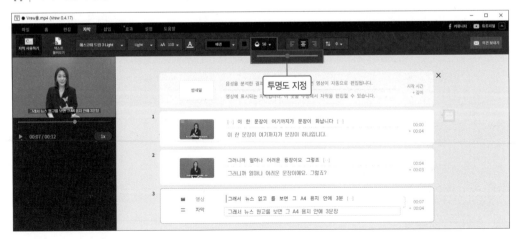

12 │ 다시 상단 메뉴 표시줄에서 (파일) 메뉴를 클릭합니다. 오탈자가 없는지 최종적으로 다시 확인하고 (다른 형식으로 내보내기) 버튼을 클릭합니다. 여러 항목이 나오는데, (투명 배경 자막 영상으로 내보내기)를 선택합니다.

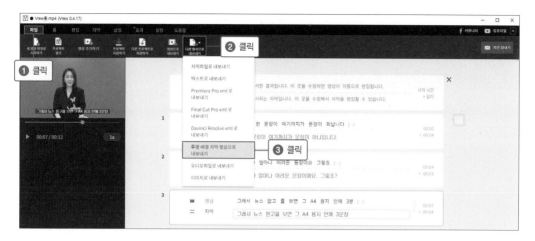

13 │ 자동으로 영상의 설정과 해상도에 맞게 설정이 표시됩니다. (내보내기) 버튼을 클릭합니다.

14 │ 자막 파일의 이름과 저장할 경로를 설정할 수 있습니다. 컴퓨터 상황에 맞게 경로를 지정하고 이름을 입력합니다. 여기서는 경로를 '05 폴더'로 지정하고 파일 이름은 'Vrew자막'으로 입력하였습니다. (저장(S)) 버튼을 클릭합니다.

15 | 오른쪽 상단에 투명 자막 비디오의 내보내기 진행 상태가 표시됩니다. 진행률이 100%가 되면 완료됩니다.

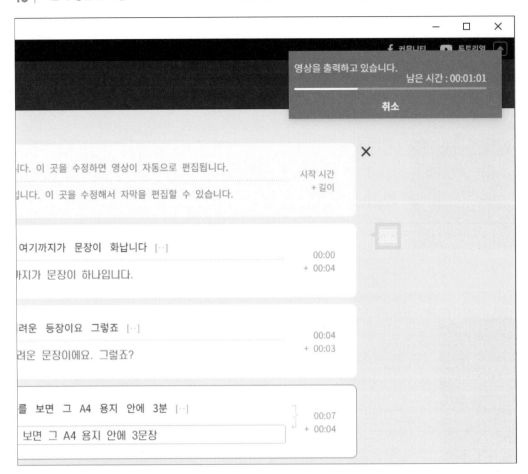

알아두기 다양한 자막 파일로 내보내기

[다른 형식으로 내보내기] 버튼을 누르면 다양한 형태의 영상 프로그램 자막 파일로 내보낼 수 있습니다. 'Davinci Resolve.xml' 형태의 자막 파일로도 내보낼 수 있습니다. 자막 전용 파일이기 때문에 다빈치 리졸브에서 자막을 개별로 수정할 수 있습니다. 다만, 이 옵션의 경우에는 브류에서 설정한 자막의 형태가 기본 자막 형태의 '테두리'로 고정되기 때문에 상황에 맞게 형식을 선택하여 내보내기 작업을 진행하면 됩니다.

▲ 다빈치 리졸브용 자막 파일 형태로 내보내면 자막의 스타일이 한정됩니다.

Section 26

다빈치 리졸브에서 **자막 파일 넣기**

앞서 브류 프로그램에서 음성인식을 통해 자막을 입력하고 자막을 수정한 다음, 자막을 박스형 자막으로 구성하여 내보내기 작업을 완료했습니다. 이제 다빈치 리졸브에서 자막 파일을 넣어 영상에 자막을 추가하는 방법을 알아보겠습니다.

◉ 예제 파일 05\브류용.mp4
　　　　　　　브류자막.mov

◉ 완성 파일 05\브류완성.mp4

01 │ 다빈치 리졸브를 실행합니다. 새 프로젝트를 만들고 Media 탭에서 05 폴더 → '브류용.mp4'와 방금 브류에서 내보내기한 '브류자막.mov'를 미디어 풀 패널에 드래그합니다. 미디어 풀 패널에 소스를 옮긴 다음 하단의 Edit 탭을 클릭합니다.

02 | Edit 화면이 표시되며, 소스 패널에 영상 파일이 표시됩니다. '브류용.mp4' 파일을 타임라인 패널로 드래그하여 영상을 위치시킵니다.

03 | 소스 패널의 '브류자막.mov' 파일을 '브류용.mp4' 영상 위쪽 트랙으로 드래그하여 V2 트랙에 위치합니다. 브류에서 작업한 내용의 자막이 그대로 표시됩니다. 브류를 활용하면 강의 영상의 자막 작업을 수월하게 진행할 수 있습니다.

Section 27

조명이 필요 없는 **영상 밝기 보정하기**

다빈치 리졸브는 실무 색 보정 기사나 색채전문가들이 색 보정 도구로 사용하는 프로그램입니다. 여기서는 어둡게 촬영된 영상을 밝게 보정하는 방법에 대해 알아보겠습니다.

◉ 예제 파일 05\전체색보정.mp4　　◉ 완성 파일 05\색보정완성.mp4

01 │ 다빈치 리졸브를 실행합니다. 새 프로젝트를 만들고 Media 탭에서 05 폴더 → '전체색보정.mp4'를 미디어 풀 패널에 드래그합니다. 미디어 풀 패널에 소스를 옮긴 다음 하단의 Edit 탭을 클릭합니다.

02 | Edit 화면이 표시되며, 소스 패널에 영상 파일이 표시됩니다. '전체색보정.mp4' 파일을 타임라인 패널로 드래그하여 영상을 위치시킵니다. 그 후, 하단에 있는 Color 탭을 클릭합니다.

03 | Color 화면이 표시됩니다. 하단에 Curves를 설정하는 그래프와 오른쪽의 Scopes 패널이 나옵니다. Curves 화면이 표시되지 않는다면, Curves 아이콘(■)을 클릭합니다. Curves 그래프의 가운데 부분을 위쪽으로 드래그하여 올립니다.

04 │ 영상의 전체적으로 어두운 부분이 상대적으로 밝게 색 보정됩니다. 오른쪽의 Scopes 패널의 중간 부분이 위로 올라가는 것을 확인합니다. 이번에는 그래프의 왼쪽 하단 부분을 위쪽으로 드래그합니다.

05 │ 머리카락 부분과 같이 어두운 부분만 집중적으로 더 밝아집니다. 오른쪽의 Scope 패널의 하단 부분이 위로 올라가는 것을 확인합니다.

❶ 오른쪽 상단 : 밝은 부분의 위주로 밝기가 보정됩니다.

❷ 가운데 : 밝은 부분부터 어두운 부분까지 모든 영역 위주로 밝기가 보정됩니다.

❸ 왼쪽 하단 : 어두운 부분의 위주로 밝기가 보정됩니다.

06 | Edit 탭이나 Cut 탭을 누릅니다. 색 보정이 반영된 상태로 영상이 표시되는 것을 확인합니다.

컷 편집을 진행한 상태에서 Color 탭을 누르면 한 개의 영상이라도 잘린 클립 수 만큼 색 보정을 해야 하는 영상을 볼 수 있습니다. 하나하나 수동으로 색 보정을 하기에는 매우 비효율적입니다. 이럴 때는 (Effect Library)−(Effects)−(Adjustment Clip)을 타임라인 패널에 드래그하여 컷 편집한 영상 위쪽 트랙에 위치시킨 후, Color 화면에서 'Adjustment Clip'에 색 보정을 하면 됩니다. 한 번에 많은 클립을 색 보정할 때 사용합니다.

▲ 클립이 많을 때는 'Adjustment Clip'에 색 보정을 진행합니다.

Section 28

메이크업이 필요할 땐? **강사 얼굴 피부 보정하기**

　　다빈치 리졸브는 주로 영화나 다큐멘터리, 혹은 드라마에서 분위기에 맞는 색 보정을 하기 위해 채택하는 툴입니다. 장면이 단순하고 전달력이 중요한 강의 영상에서는 단순하게 어두운 영상을 밝게 하거나 조금이라도 멋진 모습으로 강의가 나올 수 있게 하는 선에서 색 보정을 하면 됩니다. 이번에는 영상 전체가 아닌, 피부의 밝기만 골라 얼굴이나 피부만 보정하는 방법에 대해 알아보겠습니다.

● 예제 파일 05\피부보정.mp4　　　● 완성 파일 05\피부보정완성.mp4

01 │ 다빈치 리졸브를 실행합니다. 새 프로젝트를 만들고 Media 탭에서 05 → '피부보정.mp4'를 미디어 풀 패널에 드래그합니다. 미디어 풀 패널에 소스를 옮긴 다음 하단의 Edit 탭을 클릭합니다.

02 | Edit 화면이 표시되며, 소스 패널에 영상 파일이 표시됩니다. '피부보정.mp4' 파일을 타임라인 패널로 드래그하여 영상을 위치시킨 다음 화면 하단의 Color 탭을 클릭합니다.

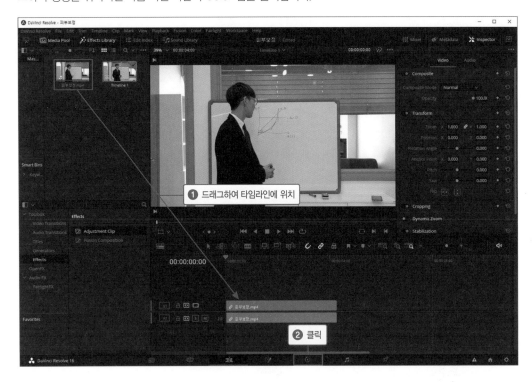

03 | Color 화면에 들어오면, 마우스의 가운데 휠을 드래그하여 피부만 자세히 볼 수 있게 모니터 화면을 확대합니다.

04 | 도구 패널에서 Qualifier 아이콘(✏)을 선택하고 모니터 화면 상단에 있는 Highlight 아이콘(🖌)을 누른 다음 모니터 화면의 얼굴 부분을 클릭합니다.

05 | 얼굴 피부만 색이 분리된 것을 알 수 있습니다. 이 상태에서 하단의 Selection Range에 있는 추가 선택 아이콘(🖌)을 클릭하고 모니터 화면의 피부 부분을 클릭합니다.

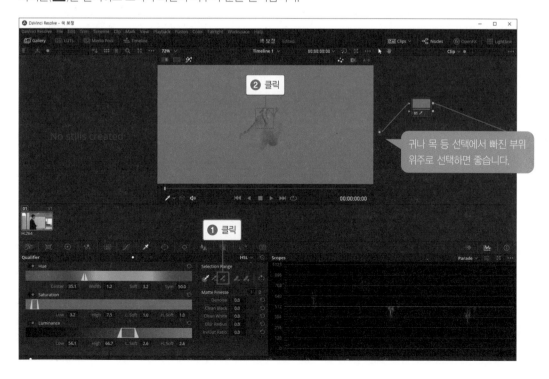

귀나 목 등 선택에서 빠진 부위 위주로 선택하면 좋습니다.

06 | 피부 색상을 기준으로 보정되는 범위가 지정되었습니다. 하단의 Matte Finesse에서 Blur Radius와 In/Out Ratio를 각각 '30.0', '-7.2'로 수정합니다.

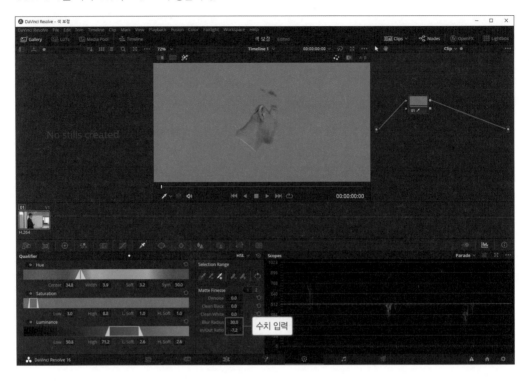

07 | 도구 패널에서 Color Wheels 아이콘(◉)를 선택합니다.

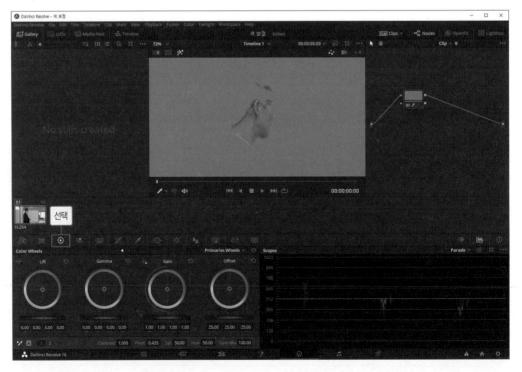

08 | 모니터 화면 상단에 있는 Split Screen 아이콘(▦)을 누릅니다. 이 상태에서 색 보정을 진행하면 이전에 추출한 피부만 보정됩니다.

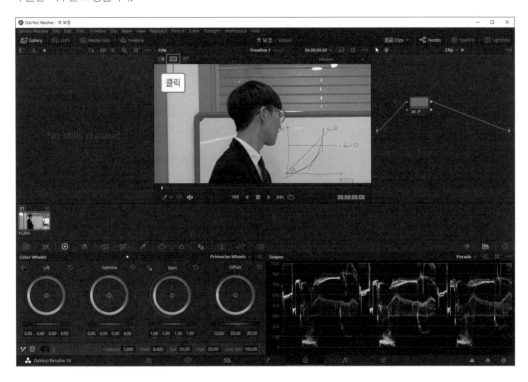

09 | 하단의 2번 항목 아이콘(2)을 누릅니다. 중간에 MD 값을 '−85.50'으로 수정합니다. 피부의 잡티가 사라집니다.

10 │ 오른쪽에 위치한 Shad와 HL 값을 각각 '30.00', '15.00'으로 수정합니다. 피부의 톤이 상대적으로 밝아집니다. Edit 탭을 클릭합니다.

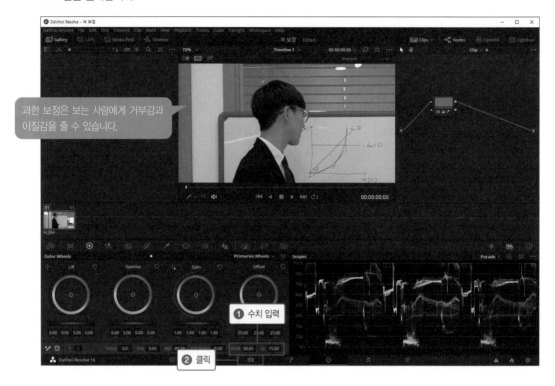

과한 보정은 보는 사람에게 거부감과 이질감을 줄 수 있습니다.

11 │ 색 보정이 반영된 상태로 영상이 표시되는 것을 확인합니다.

Section 29

중요한 개념에 체크! **체크리스트 영상 만들기**

유튜브나 구글에는 그린스크린 형태로 제공하는 모션 그래픽적인 소스가 많습니다. 이 소스를 활용하면 영상에 다채로운 느낌을 낼 수 있습니다. 다빈치 리졸브의 특정 색을 제거하는 기능을 이용하여 주요 개념에 체크 표시하는 체크리스트 영상을 만들어보겠습니다.

◉ 예제 파일 05\체크리스트.mp4   ◉ 완성 파일 05\체크리스트완성.mp4
　　　　　 그린스크린.mp4

01 │ 다빈치 리졸브를 실행합니다. 새 프로젝트를 만들고 Media 탭에서 05 폴더 → '체크리스트.mp4, 그린스크린.mp4'를 미디어 풀 패널에 드래그합니다. 미디어 풀 패널에 소스를 이동시킨 다음 하단의 Edit 탭을 클릭합니다.

02 | Edit 화면이 표시되며, 소스 패널에 영상 파일이 표시됩니다. '체크리스트.mp4' 파일을 타임라인 패널로 드래그하여 영상을 위치시킵니다.

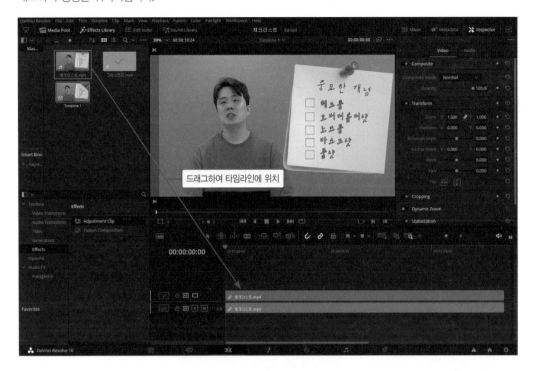

03 | 체크 표시 모션 그래픽을 삽입할 구간에 마커를 찍도록 합니다. 타임라인 패널의 시간표시자를 드래그하여 01:03초 부분으로 이동합니다. 이 부분에서 Marker 아이콘(🔖)을 클릭합니다. '헤드룸' 부분에 체크 표시를 삽입하기 위한 경계 표시입니다.

04 │ 같은 방법으로 타임라인 패널의 시간표시자를 드래그하여 02:13초 부분으로 이동합니다. 이 부분에서 Marker 아이콘(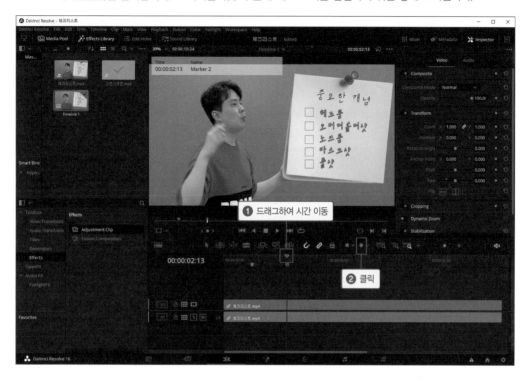)을 클릭합니다. '오버더숄더샷' 부분에 체크 표시를 삽입하기 위한 경계 표시입니다.

05 │ 시간표시자를 드래그하여 04:08초 부분으로 이동합니다. 이 부분에서 Marker 아이콘(🔲)을 클릭합니다. '노즈룸' 부분에 체크 표시를 삽입하기 위한 경계 표시입니다.

06 | 시간표시자를 드래그하여 07:01초 부분으로 이동합니다. 이 부분에서 Marker 아이콘(■)을 클릭합니다. '바스트샷' 부분에 체크 표시를 삽입하기 위한 경계 표시입니다.

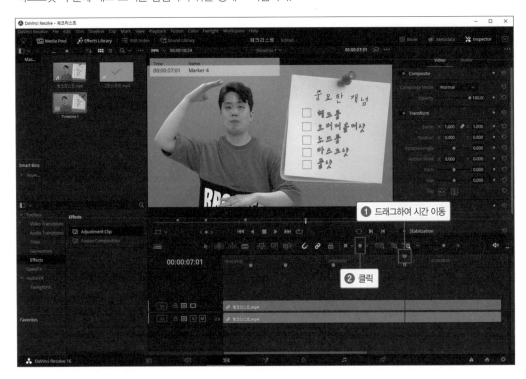

07 | 시간표시자를 드래그하여 09:17초 부분으로 이동합니다. 이 부분에서 Marker 아이콘(■)을 클릭합니다. '풀샷' 부분에 체크 표시를 삽입하기 위한 경계 표시입니다.

08 | 01:03초 부분의 마커 표시한 곳을 기준으로 소스 패널에 있는 '그린스크린.mp4'를 타임라인 패널의 '체크리스트.mp4' 위쪽으로 드래그하여 V2 트랙에 위치합니다. 하단에 있는 Color 탭을 클릭합니다.

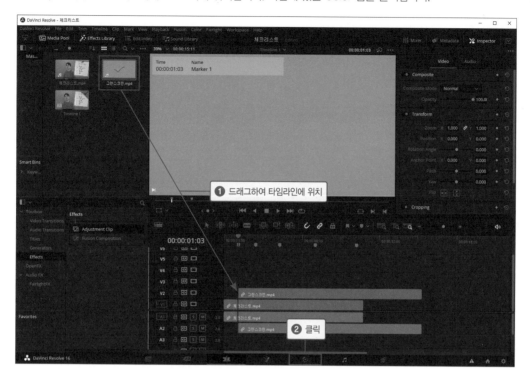

09 | Color 화면이 표시됩니다. 오른쪽에 있는 노드 패널에서 오른쪽 마우스 버튼을 클릭한 다음, 'Add Alpha Output'을 선택합니다.

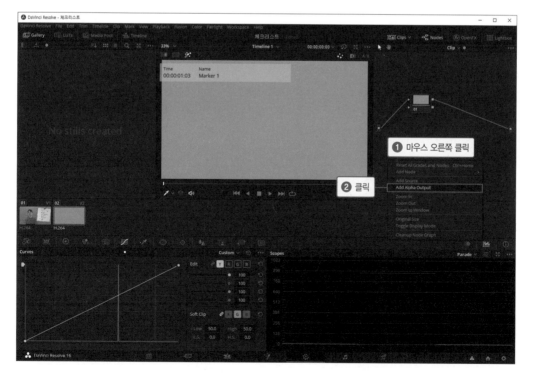

10 | 오른쪽 노드 패널의 오른쪽 끝에 파란 점이 생성됩니다. 노드 패널의 가운데 박스(노드)를 보면 왼쪽과 오른쪽에 파란색 점이 있습니다. 오른쪽 노드를 드래그하여 오른쪽 끝에 있는 파란 선에 연결합니다.

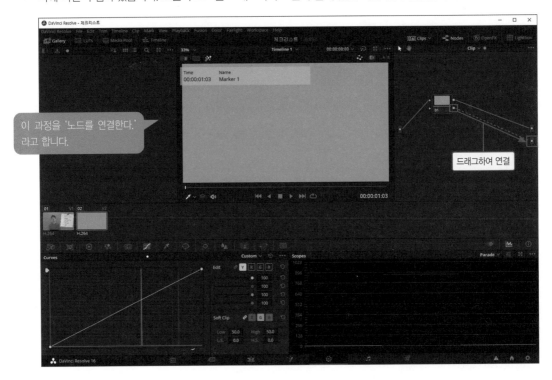

11 | 하단의 도구 패널에서 Qualifier 아이콘(🖌)을 선택하고 모니터 화면 상단에 있는 Highlight 아이콘(🔆)을 누른 다음 모니터 화면의 초록색 부분을 클릭합니다.

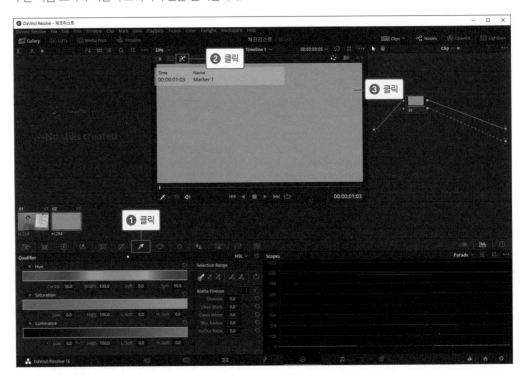

12 │ 모니터 화면에 있는 시간표시자를 03:05초 부분으로 드래그하여 이동합니다. 초록색 화면이 아니라 가운데 빨간색 체크 표시가 투명해진 것을 확인합니다.

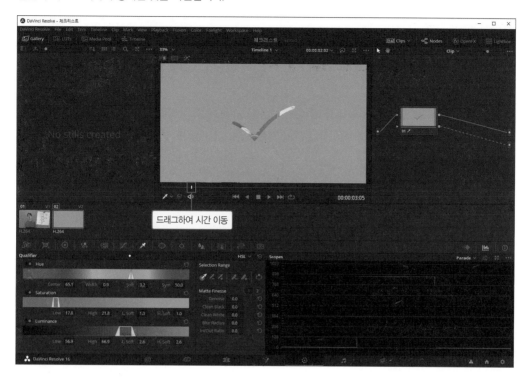

13 │ Selection Range에 있는 Invert 아이콘( )을 클릭합니다. 이제는 초록색이 빠지고 빨간색 체크 표시가 보입니다.

14 | 디테일하게 초록색 부분을 제거하기 위해 하단의 Matte Finesse에서 Clean Black과 In/Out Ratio를 각각 '31.5', '−72.0'으로 수정합니다. 그리고 도구 패널에 있는 Window 아이콘(◉)을 클릭합니다.

15 | 윈도우(Window) 화면이 왼쪽 아래에 표시됩니다. 여기서 사각형 모양의 아이콘(◻)을 선택합니다. 모니터 화면에 사각박스가 표시되면 하단의 Edit 탭을 클릭합니다.

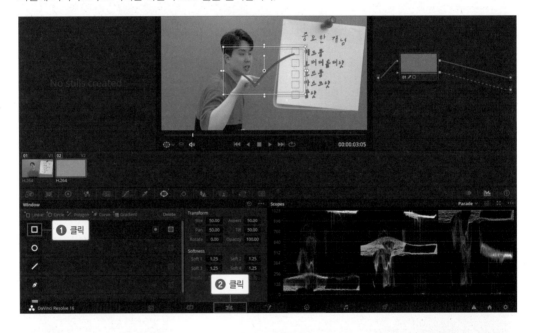

> **알아두기**
>
> 윈도우(Window)를 설정하지 않으면, Edit 화면에서 '그린스크린.mp4'의 Position 값을 옮기는 과정에서 검은 테두리가 발생합니다. 꼭 윈도우(Window)를 설정하고 넘어갑니다.

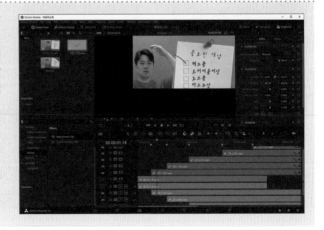

▶ 윈도우(Window)를 설정하지 않으면 검은색 테두리가 생깁니다.

16 | Edit 탭에 그린스크린이 제거된 빨간 체크 표시 영상이 생성됩니다. V2 트랙에 있는 '그린스크린.mp4' 영상을 선택합니다.

17 | 위치와 크기를 칸에 맞춰 조절합니다. 오른쪽 효과 설정 패널에서 Zoom과 Position X, Y값을 각각 '0.820', '361.0', '283.0'으로 수정합니다. 체크 표시가 네모 칸에 맞춰 들어갑니다.

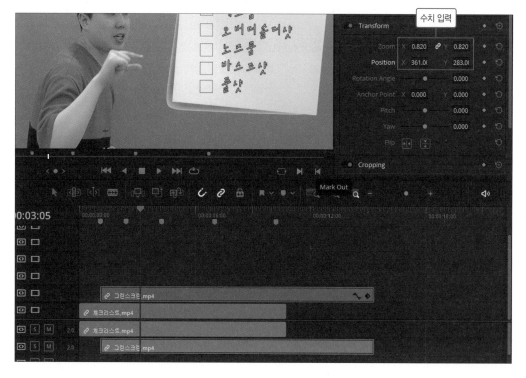

18 | [Alt]를 누른 상태로 타임라인 패널의 V2 트랙에 있는 '그린스크린.mp4'를 각각 마커가 표시된 시작 부분을 기준으로 드래그하여 복사합니다. 네모 칸의 개수에 맞게 체크 표시도 5개로 복제합니다.

19 | V3 트랙의 '그린스크린.mp4'를 선택하고 Position Y의 값을 '180.0'으로 수정합니다.

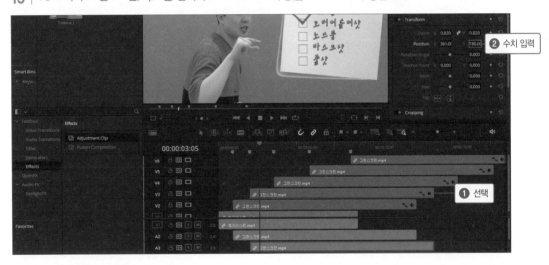

20 | 시간표시자를 05:27초로 드래그하여 이동한 후, V4 트랙의 '그린스크린.mp4'를 선택하고 Position Y의 값을 '80.0'으로 수정합니다.

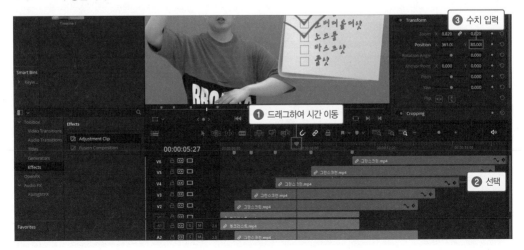

21 │ 시간표시자를 08:13초로 드래그하여 이동한 후, V5 트랙의 '그린스크린.mp4'를 선택하고 Position Y의 값을
'-13.0'으로 수정합니다.

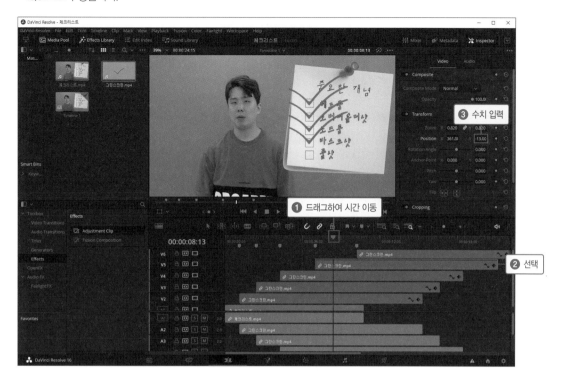

22 │ 시간표시자를 10:05초로 드래그하여 이동한 후, V6 트랙의 '그린스크린.mp4'를 선택하고 Position Y의 값을
'-110.0'으로 수정합니다.

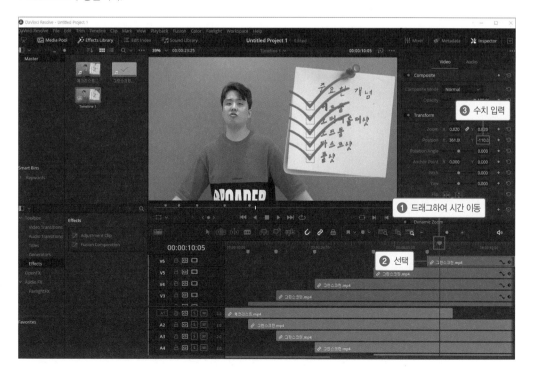

Section 30

클릭 몇 번으로 **노이즈 줄이기**

강의 영상은 전달력이 생명입니다. 녹음 환경을 완벽하게 통제할 수 없는 상황이라면, 아무리 좋은 마이크라도 주변음이나 잡음이 섞여 녹음될 수밖에 없습니다. 다빈치 리졸브의 기본 효과로 잡음을 줄이는 방법에 대해 알아보겠습니다.

● 예제 파일 05\잡음보정.mp4 ● 완성 파일 05\잡음보정완성.mp4

01 │ 다빈치 리졸브를 실행합니다. 새 프로젝트를 만들고 Media 탭에서 05 폴더 → '잡음보정.mp4'를 미디어 풀 패널에 드래그합니다. 미디어 풀 패널에 소스를 옮긴 다음 하단의 Edit 탭을 클릭합니다.

02 | Edit 화면이 표시되며, 소스 패널에 영상 파일이 표시됩니다. '잡음보정.mp4' 파일을 타임라인 패널로 드래그하여 영상을 위치시킵니다.

03 | 소스 패널 상단에 있는 (Effects Library) 버튼을 클릭합니다. 왼쪽 하단에 효과를 적용할 수 있는 효과 패널이 표시됩니다. (Audio FX) - (FairlightFX) - (Noise Reduction)을 선택합니다.

04 | Noise Reduction을 '잡음보정.mp4' 파일의 오디오 트랙에 드래그하여 효과를 적용합니다. 적용하면 Noise Reduction 대화상자가 표시됩니다.

05 | 대화상자의 (Learn) 버튼을 클릭하고 [Spacebar]를 눌러 영상을 재생합니다. 다빈치 리졸브 내에서 자동으로 음성을 분석하여 잡음 및 주변음을 억제합니다. 영상의 재생이 끝나면 대화상자를 종료합니다.

알아두기   영상 일부분을 분석해 잡음 제거

(Learn) 버튼은 실시간 분석이 아닙니다. 영상의 일부분을 분석해 영상 전체의 노이즈를 제거하는 원리입니다. 긴 영상의 경우 일부분만 재생하고 Noise Reduction의 대화상자를 종료하면 됩니다.

Section 31

사운드도 디테일하게! **저음과 고음 조정하기**

마이크의 성능에 따라 저음이나 고음 부분이 약하게 녹음되거나 소리가 날카롭거나 둔탁한 느낌을
줄 수 있습니다. 다빈치 리졸브의 Fairlight 패널에서 간단하게 이퀄라이저로 음을 보정해 보겠습니다.

◉ 예제 파일 05\음보정.mp4　　　◉ 완성 파일 05\음보정완성.mp4

01 │ 다빈치 리졸브를 실행합니다. 새 프로젝트를 만들고 Media 탭에서 05 폴더 → '음보정.mp4'를 미디어 풀
패널에 드래그합니다. 미디어 풀 패널에 소스를 옮긴 다음 하단의 Edit 탭을 클릭합니다.

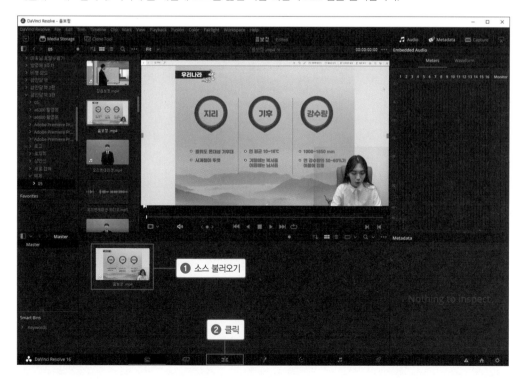

02 | Edit 화면이 표시되며, 소스 패널에 영상 파일이 표시됩니다. '음보정.mp4' 파일을 타임라인 패널로 드래그하여 영상을 위치시킵니다. 하단의 Fairlight 탭을 클릭합니다.

03 | Fairlight 화면이 표시됩니다. 이 화면에서는 다양한 음향 효과를 만질 수 있습니다. Mixer 패널에 있는 A1 – EQ 아이콘(■)을 더블클릭합니다.

04 | 이퀄라이저를 만질 수 있는 대화상자가 표시됩니다. 현재 Band 2, 3, 4, 5번이 활성화되어 있는 상태입니다.

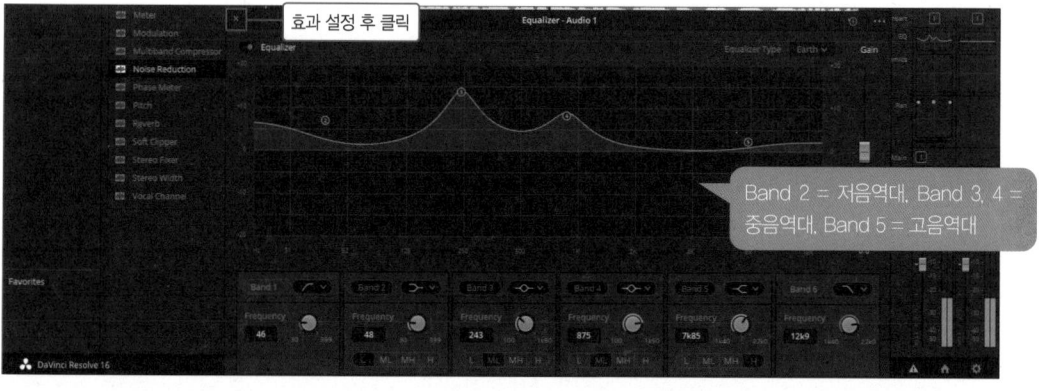

05 | Equalizer – Audio 1 대화상자를 아래로 드래그하여 내리면 시간표시자를 드래그하면서 오디오를 들으면서 음향을 조정할 수 있습니다. Band 2, 3, 4번을 올리고 5번은 살짝만 위로 드래그합니다. 설정을 마친 후에는 대화상자를 닫습니다.

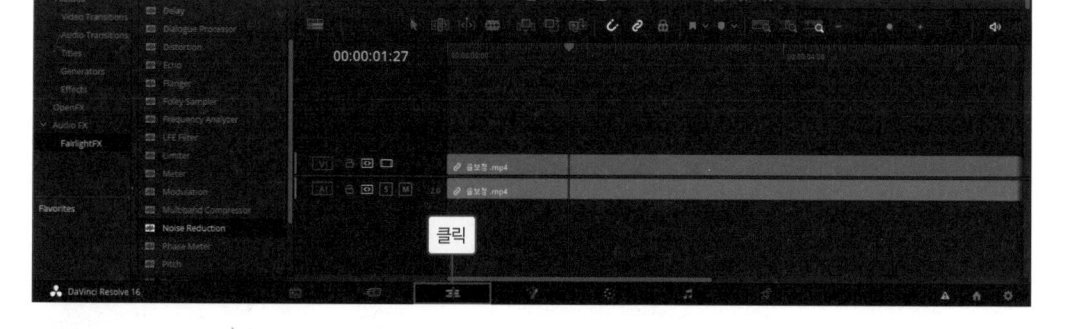

06 | Edit 탭을 눌러 Edit 화면으로 이동합니다. 설정한 EQ가 반영되어 영상에 음성 설정이 완료됩니다.

알아두기 **이퀄라이저(Equalizer)**

사람의 음역이나 모든 소리는 주파수로 구성되어 있습니다. Equalizer는 주파수에 따라 나뉘는 소리를 세분화하여 보정하는 장치입니다. 색 보정과 마찬가지로 확실한 정답은 없기에 본인이 듣기 편한 목소리나 강조하고 싶은 구간을 직접 들으면서 그래프를 만지는 것을 추천합니다. 과도한 EQ 설정보다는 자연스러운 EQ 설정이 좋습니다.

Section 32

초고화질 강의 영상 만들기

강의 영상은 일반적으로는 MP4 파일 형식에 H.264 코덱으로 가볍게 만듭니다. 제출용이나 보고용 영상이 목적이라면 초고화질의 영상을 출력해야 하는 경우가 있습니다. 퀵타임(Quicktime)으로 초고화질 영상을 출력해 보겠습니다.

▶ 예제 파일 05\무압축출력.mp4

01 | 다빈치 리졸브를 실행합니다. 새 프로젝트를 만들고 Media 탭에서 05 폴더 → '무압축출력.mp4'를 미디어 풀 패널에 드래그합니다. 미디어 풀 패널에 소스를 옮긴 다음 하단의 Edit 탭을 클릭합니다.

02 | Edit 화면이 표시되면, 소스 패널에 음악 파일이 표시됩니다. '사운드효과음.mp4' 파일을 음성 타임라인 패널로 드래그하여 영상을 삽입합니다. 오른쪽 Deliver 탭을 클릭합니다.

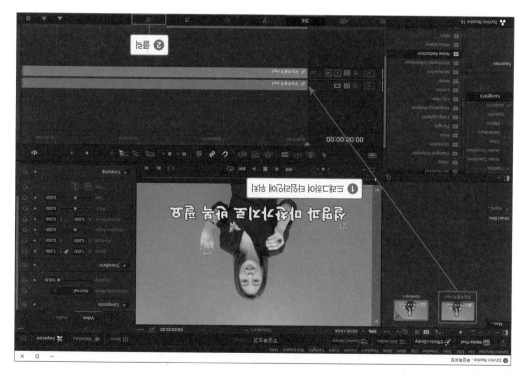

03 | Deliver 화면이 표시됩니다. 먼저 사용 파일에서 [Format] - [Quicktime]등을 선택합니다.

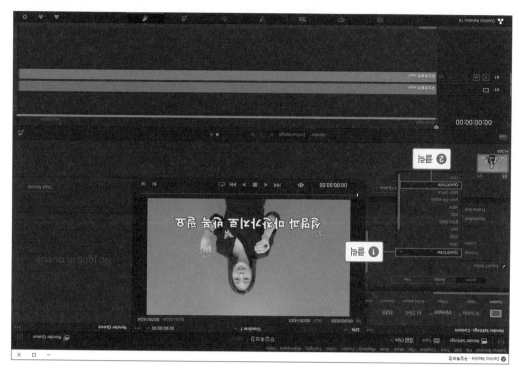

04 │ (Codec) – (Uncompressed)를 선택합니다. 무압축으로 손상이 거의 없는 형태의 설정입니다.

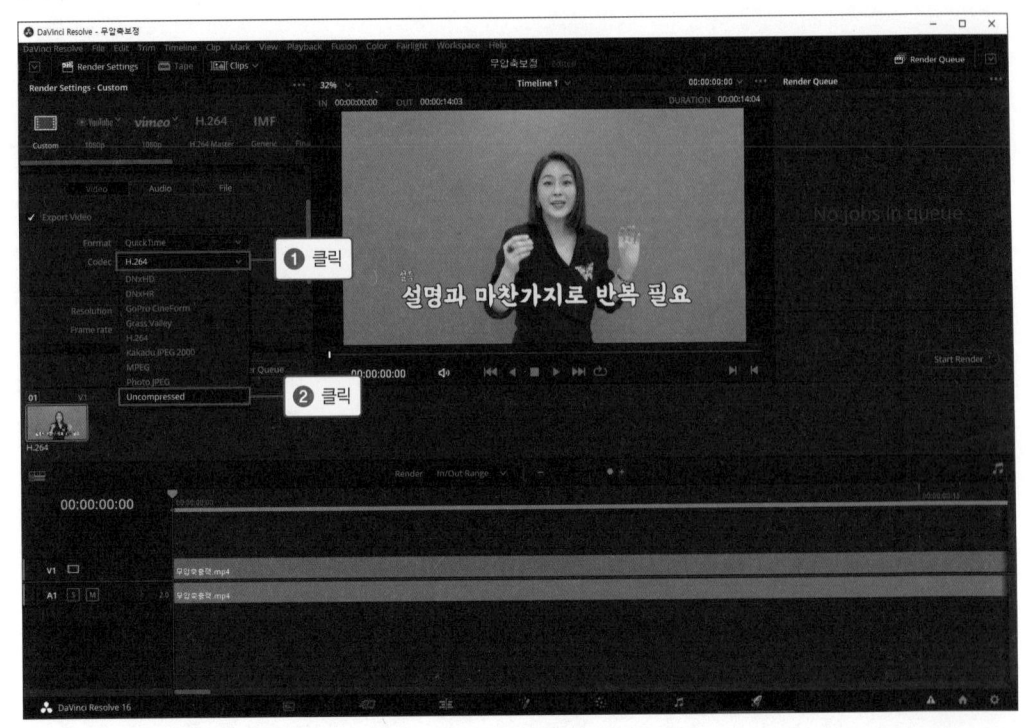

05 │ File name과 Location을 설정합니다. (Browse) 버튼을 클릭하면 파일의 이름과 출력하는 파일의 경로를 지정할 수 있습니다. 여기서는 '무압축.mov'로 지정한 다음 (Save) 버튼을 클릭합니다.

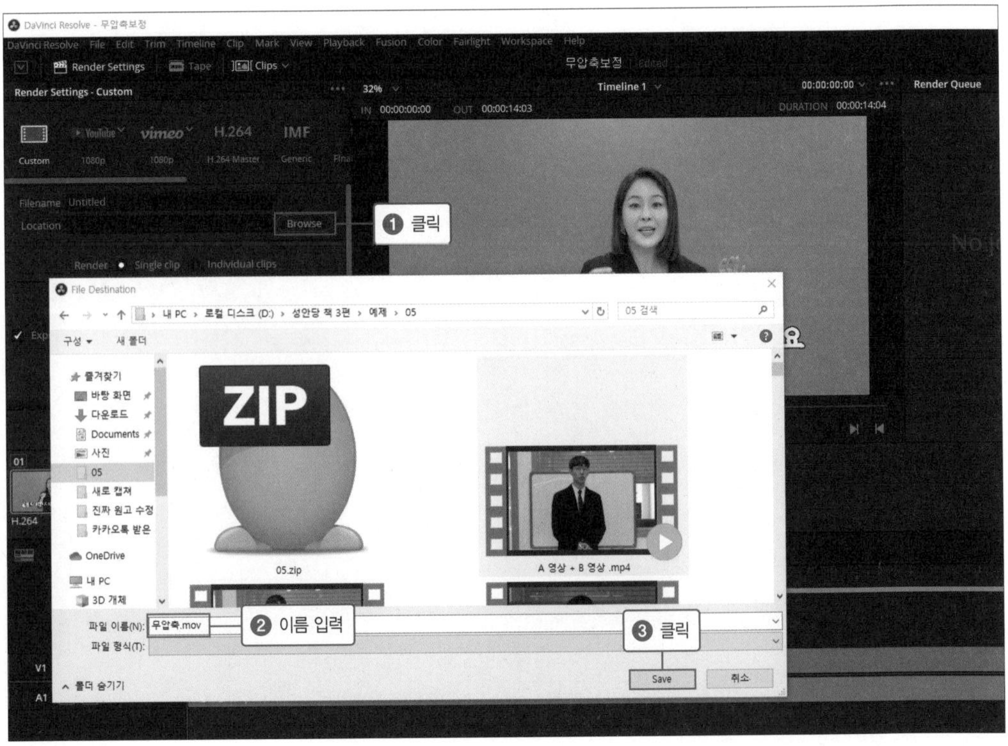

06 | [Add to Render Queue] 버튼을 클릭하면 설정한 영상이 Render Queue에 추가됩니다. [Start Render] 버튼을 누르면 무압축 출력이 진행됩니다.

07 | 지정한 경로에 영상이 출력됩니다. 14초의 짧은 영상이지만 2.18GB의 용량으로 저장되었습니다.

무압축은 손상이 0에 가까운 출력 영상이지만 용량을 상당히 많이 차지하기 때문에 일반적으로는 사용하지 않습니다.

줌 영상 회의와
실전 온라인 수업을 위한 지침서

줌&영상 편집

2020. 6. 5. 초 판 1쇄 발행
2020. 8. 7. 초 판 2쇄 발행
2020. 9. 16. 초 판 3쇄 발행
2020. 10. 27. 초 판 4쇄 발행
2021. 1. 12. 초 판 5쇄 발행

지은이 | 앤미디어
펴낸이 | 이종춘
펴낸곳 | BM (주)도서출판 성안당
주소 | 04032 서울시 마포구 양화로 127 첨단빌딩 3층(출판기획 R&D 센터)
      | 10881 경기도 파주시 문발로 112 파주 출판 문화도시(제작 및 물류)
전화 | 02) 3142-0036
      | 031) 950-6300
팩스 | 031) 955-0510
등록 | 1973. 2. 1. 제406-2005-000046호
출판사 홈페이지 | www.cyber.co.kr
ISBN | 978-89-315-5671-1 (93000)
정가 | 22,000원

이 책을 만든 사람들
책임 | 최옥현
진행 | 조혜란
기획·진행 | 앤미디어
교정·교열 | 앤미디어
본문·표지 디자인 | 앤미디어, 박원석
홍보 | 김계향, 유미나
국제부 | 이선민, 조혜란, 김혜숙
마케팅 | 구본철, 차정욱, 나진호, 이동후, 강호묵
마케팅 지원 | 장상범
제작 | 김유석

■ 도서 A/S 안내

성안당에서 발행하는 모든 도서는 저자와 출판사, 그리고 독자가 함께 만들어 나갑니다.
좋은 책을 펴내기 위해 많은 노력을 기울이고 있습니다. 혹시라도 내용상의 오류나 오탈자 등이 발견되면 **"좋은 책은 나라의 보배"**로서 우리 모두가 함께 만들어 간다는 마음으로 연락주시기 바랍니다. 수정 보완하여 더 나은 책이 되도록 최선을 다하겠습니다.
성안당은 늘 독자 여러분들의 소중한 의견을 기다리고 있습니다. 좋은 의견을 보내주시는 분께는 성안당 쇼핑몰의 포인트(3,000포인트)를 적립해 드립니다.
잘못 만들어진 책이나 부록 등이 파손된 경우에는 교환해 드립니다.